Lehrstunden bei Luzifer

Ein magisches Staun- und Experimentierbuch

von

Oliver Fehn

Weitere Bücher von Oliver Fehn:

Satans Handbuch - Schwarze Philosophien, teuflische Rituale, sowie Ratschläge und Tricks für den Alltag, ISBN 978-3-89094-366-4

Satans Trickkiste - Ein Kurs in Magie und Manipulation für alle Lebenslagen mit unzähligen Übungen, ISBN 978-3-89094-606-1

Die Schule des Teufels - Satanisches Wissen für das 21. Jahrhundert, ISBN 978-3-89094-389-3

Die dunkle Seite von Jesus - Ein blasphemischer Spaziergang durch die Welt des Neuen Testaments, ISBN 978-3-89094-460-9

Die Tarot-Karten (Rider Waite Tarot, ISBN 978-3-905021-30-1) **zu diesem Buch finden Sie im Buchhandel oder im Internet unter www.koenigsfurt-urania.com.**

© **1. Auflage, Copyright 2010 by Bohmeier Verlag, D-04315 Leipzig, Konstantinstr. 6, Germany, Tel.: +49 (0) 341-6812811 - Fax: +49 (0) 341-6811837. Immer erreichbar über unsere Internet-Homepage: www.magick-pur.de**

© **Coverbild** von Claudia Engelen (www.die-wortschneiderin.de). **Covergesamtkonzeption** von JaDa.

© Wir bedanken uns vielmals bei Jörg Jauernig für die Gestaltung der **Innenabbildungen**.

Zu d. Tarot-Karten *Rider Waite®Tarot* (ISBN 978-3-905021-30-1) folgender Nachweis:
© **1971 U.S. Games Systems, Inc., 1983 AGMüller Urania. Im Internet unter www.koenigsfurt-urania.com.** Mit freundlicher Genehmigung des Königsfurt-Urania-Verlags. Wir bedanken uns vielmals für die Überlassung der Abdruckrechte.

ISBN 978-3-89094-652-8

Inhaltsverzeichnis

Vorwort

Weisheitsbücher müssen nicht religiöser Natur sein. Wer die Dramen von Shakespeare aufmerksam liest, lernt daraus mehr Nützliches fürs Leben als je ein Mensch aus dem Koran. Die jüdisch-christliche Bibel enthält eine Menge brauchbarer Weisheiten, die später von den Religionsverwaltern kaputt interpretiert wurden. Und was die Veden und Upanishaden des Hinduismus betrifft, so glaube ich, dass sie für den östlichen Menschen gedacht sind, der sich in völlig anderen Lebenswelten bewegt als wir in unseren Betonwüsten.

Dennoch hat sich die Vorstellung von einem geheimen „Buch der Weisheit" über die Jahrtausende hinweg aufrecht erhalten. In unseren nächtlichen Träumen spukt es herum, und wie ein Phantom entzieht es sich immer wieder unserem realen Zugriff. Wie oft im Leben standen wir vor Fragen, deren Antwort wir gerne in einem universellen Buch des Wissens nachgeschlagen hätten, das mit schwarzem Einband und Goldschnitt auf dem Altar unseres Lebenstempels lag.

Eins der sagenumwobensten dieser Weisheitsbücher ist wohl das „Buch Thoth", angeblich eine Schöpfung des gleichnamigen ibisköpfigen Gottes, der bei den Ägyptern als Verwalter der Großen Geheimnisse, der Magie und der verborgenen Gesetze des Schicksals galt. Mit dem griechischen Hermes verschmolz er zu der rätselhaften Gestalt des Hermes Trismegistos (des dreifach großen Hermes), und man hält ihn für den Urheber der *Tabula Smaragdina* (Smaragdtafel), die nach esoterischer Ansicht so etwas wie die Weltformel darstellt.

Über das Buch Thoth gab es die abenteuerlichsten Vermutungen. Bis die okkulte Forschung dahinter kam, dass dieses Buch gar kein Buch ist – sondern eine Loseblattsammlung, bestehend aus 22 bunten Bildern, die wir in der westlichen Welt als „Tarot" kennen. Geheimnisse bewahrt man am besten, indem man sie dem Profanen als Verwalter übergibt. Wertvolles Kulturgut läuft stets Gefahr, von den neuen Herren verbrannt und ausgemerzt zu werden. Aber ein Kartenspiel? Reines Volkslaster, und somit völlig unverdächtig.

Wenn ich mich in diesem Buch also auf den Tarot stütze (und zwar in der Rider-Waite-Version), hat das nichts zu tun mit Weissagung, Zukunftsprognosen oder Determinismus. Stattdessen will ich versuchen, in 22 Lektionen die Bilder dieses „getarnten" Weisheitsbuches als das zu offenbaren, was sie eigentlich sind: Ein Speicher für die großen Geheimnisse des Universums – wobei nie vergessen werden sollte, dass die Enthüllung solcher Geheimnisse nur dann von Wert ist, wenn sie uns hilft, die Qualität unseres Lebens zu steigern.

Die Qualität des eigenen Lebens lässt sich nur steigern, indem man selbst das Ruder in die Hand nimmt; und nur durch jene Techniken, die wir seit Jahrtausenden unter der Bezeichnung „Magie" kennen, lässt sich gewährleisten, dass einem jenes Ruder nicht so oft entgleitet. „Magie" ist ein Synonym für die Fähigkeit, Realität zu gestalten; und dass es einen Zusammenhang gibt zwischen den Bildern in unserem Inneren und dem, was wir täglich erleben, bestreiten inzwischen selbst Quantenphysiker nicht mehr.

Was also sollte ein Weisheitsbuch anderes enthalten als die Gesetze, die es zu kennen gilt, um sich das Leben ein wenig zu verschönern? Bei vielen dieser Gesetze handelt es sich um Selbstverständlichkeiten, die den meisten Menschen Jahrhunderte lang als „Werk des Teufels" miesgemacht wurden; und als die Christen auch den letzten Gau verloren hatten, den sie leiten konnten, kamen die Ideologen und Gutschwätzer, um dieser Welt ihren letzten Zauber zu nehmen. Die Eigenverantwortlichkeit des Individuums war das, was sie am meisten fürchteten.

Aus diesem Grund habe ich dieses Buch, in dem die wichtigsten Fragen zum Thema Schicksalsgestaltung beantwortet werden sollen, „Lehrstunden bei Luzifer" genannt. Der römische Gott Luzifer – bezeichnenderweise oft mit dem „Teufel" gleichgesetzt – repräsentiert in Wahrheit nichts als die Qualitäten des griechischen Gottes Prometheus; ja, die beiden sind identisch wie Venus und Aphrodite, wie Neptun und Poseidon. Und Prometheus war es, der dem Menschen die Fackel brachte – das Licht der Erleuchtung.

Ich empfehle allen Lesern, sich ein Rider-Waite-Tarot-Spiel[1] anzuschaffen, um die Lektionen in diesem Buch aktiv und mit allen Sinnen miterleben zu können (ein solches Deck kostet zwischen 10 und 15 Euro und ist wirklich eine Anschaffung für die Ewigkeit). Außerdem halte ich es für nützlich, all die Gedankenexperimente und Übungsvorschläge wirklich auszuprobieren anstatt sie nur zu lesen. Und noch etwas: Die 22 Bilder des Tarot folgen zwar einer bestimmten Logik, aber natürlich kann man auch zwischen den Seiten „herumhüpfen" und das Buch in Atome auflösen, die man dann selbst zu neuen Molekülen verbindet. Ich kenne zumindest Leute, bei denen das funktioniert.

---

[1] Erhältlich beim Verlag Königsfurt-Urania in 24796 Krummwisch oder im Buchhandel. Preis: ca. 10 bis 15 Euro.

Ich habe dieses Buch ein Staun- und Experimentierbuch genannt, was heißen soll: Jedes Kapitel bietet eine Menge Material, das sich draußen vor der Haustür unmittelbar ausprobieren lässt. Erst dann – wenn man das eigene Leben zum Versuchslabor macht – kann aus dem Buch auch ein „Staunbuch" werden, mit dem man kleine Wunder erleben kann.

Die Stationen unserer gemeinsamen Reise folgen dem regulären Fahrplan des Tarot; was wir dort alles erleben, bleibt natürlich subjektiv. Jeder „Reiseführer" setzt seine eigenen Schwerpunkte und erklärt seinem Publikum die Dinge ein wenig anders. Du hast dich für *mich* entschieden, deshalb wirst du *meine* Sicht der Dinge kennen lernen.

Irgendwann begleitet dich vielleicht ein anderer und zeigt dir was von *seiner* Welt.

Münchberg, zur Sommersonnwende 2010
Oliver Fehn

Zur Einführung: Mini-Kurs Tarot

(für alle, die noch nie ein Tarot-Spiel in der Hand hatten)

Du hast dir ein Tarot-Deck gekauft und stellst nun fest, dass es nicht nur – wie erwähnt – aus 22, sondern ganzen 78 Karten besteht. Die musst du jetzt trennen, so wie eine Hausfrau das Eiklar vom Eigelb trennt. Wir brauchen für dieses Buch nur die 22 „Trumpfkarten".

Diese 22 Karten nennt man die „Großen Arkana" (von lat. „arcanum" = Geheimnis). Ihre Bilder sprechen archetypische Symbole in uns an – also Inhalte, die in unserem kollektiven Unbewussten verankert sind, das uns nicht allein gehört, sondern das wir mit allen anderen teilen. Wer begreifen will, was Archetypen sind, wird z. B. fündig im traditionellen Puppentheater. Da gibt es „die Prinzessin", „den König", „den Teufel", „den Kasper", „den Polizisten", „den Jäger". Kein Kind hat Probleme damit, die Prinzipien zu begreifen, die jene Figuren verkörpern. Es ist „ererbtes Wissen".

Falls es in deinem Haus eine alte Kiste mit solchen Handpuppen gibt, beschäftige dich ruhig mal ein oder zwei Stunden damit. Du wirst sofort merken, weshalb die Kids, die damit spielten, mehr vom Leben kapierten als die „Actionfiguren"-Generation.

Beim Kauf eines neuen Tarot-Spiels sind die Karten meist schon vorgeordnet. Die Bilder der Großen Arkana erkennst du daran, dass oben in der Mitte eine römische Zahl und in einem grauen Balken am Fuß der Karte eine Bezeichnung wie „Der Magier", „Die Hohepriesterin", „Die Welt" usw. steht. Bei den anderen 56 Karten (den sogenannten Zahlenkarten) fehlt dieser Balken – außer bei Personenkarten (z. B. „Bube der Schwerter", „Königin der Münzen" usw.), doch diese Personenkarten von den Großen Arkana zu unterscheiden, dürfte kein Problem sein.

Um den Tarot ein wenig besser kennen zu lernen, empfehle ich dir, die Karten gründlich zu mischen und dann aus eigenem Bemühen wieder zu ordnen. Im Normalfall hast du danach vier verschiedene Reihen von Zahlenkarten (Stäbe, Kelche, Schwerter, Münzen) à 14 Karten sowie 22 „Trumpfkarten" – also die Großen Arkana – vor dir liegen.

Mit diesen 22 Karten arbeiten wir in diesem Buch. Sie enthalten das Urwissen der Menschheit und den Schlüssel zur Magie – es sind „Luzifers Lektionen" für ein bewussteres und erfolgreicheres Leben.

Die restlichen 56 Karten brauchen wir für diesen Kurs nicht. Sie verkörpern keine Archetypen, sondern eher archetypische Situationen, die wiederum in vier verschiedene Kategorien unterteilt werden:

Stäbe = Feuer
Kelche = Wasser
Schwerter = Luft
Münzen = Erde

Die Stäbe entsprechen dem unreflektierten Antrieb – dem, was instinktiv und ungefiltert aus uns kommt, sowie für unsere Willenskraft. Die Kelche stehen für unsere Gefühlswelt, die Schwerter für den Intellekt, und die Münzen für alles Greifbare, sinnlich Erfahrbare, Materielle.

Auch wenn wir diese Karten für unseren Kurs nicht brauchen, müssen wir – um magisch arbeiten zu können – ihre Symbolik wenigstens ansatzweise begreifen. Das lernen wir in Lektion 1.

Ansonsten: Leg die 56 „kleinen Arkana" jetzt beiseite und widme dich während der Lektüre dieses Buches ausschließlich den 22 Trumpfkarten.

Ich verspreche dir – es wird in deinem Leben ein paar Knalleffekte geben.

Lektion 1 - Was ist Magie?

Wir haben es ja bereits gesagt: Magie ist Realitätsveränderung.

Du bist einsam und sehnst dich nach einem Partner. Du bist pleite und brauchst Geld. Oder du suchst einen Job, bei dem du nicht herumsklaven musst, sondern dir deine Würde bewahren und dennoch eine Stange Geld verdienen kannst. In all diesen Fällen gibt es jeweils einen *Status Quo* (einsam, pleite, arbeitslos) sowie eine *Blaupause* für eine andere Realität (verheiratet, reich, seinen Traumjob ausübend). Magie bedeutet, die Brücke von Situation A nach Situation B zu überqueren, bzw. zu lernen, wie man eine solche Brücke überhaupt baut.

Der MAGIER

Viele Menschen haben keine Ahnung, wie es funktioniert, deshalb ändert sich ihr Leben entweder gar nicht oder entwickelt sich zum Schlechteren. Karte I im Tarot zeigt uns die Grundregeln zur Verwandlung unserer Träume in Realität.

Schon ihr Name – „Der Magier" – deutet darauf hin, dass sie die Quintessenz allen magischen Wissens enthält.

Du KANNST!

Sieh dir die Person auf der Karte genau an. Achte auf ihren Gesichtsausdruck. Ist das ein ängstlicher Mensch, der gleich das Weite suchen wird? Oder jemand, der sich notfalls allen Widerständen stellt? Kein Zweifel – die Mimik des Magiers deutet auf Selbstbewusstsein hin. Und damit schenkt er uns die erste magische Regel:

Ich KANN.

Ohne dieses „Ich KANN" ist alles vergeblich. Was du dir nicht zutraust, wirst du niemals schaffen. Du KANNST die Brücke von A nach B überqueren; es liegt in *deiner* Macht. Du hast alles mit auf den Weg bekommen, was man dazu braucht. Wenn du aber an dir zweifelst oder an einen richtenden Gott glaubst oder auch nur an so etwas wie kosmische Gerechtigkeit, die sich ohne dein Zutun erfüllt – vergiss es. Aber gucken wir mal, was der Magier uns sonst noch mitzuteilen hat.

Bist du ein Liebender?

Der obere und untere Teil des Bildes wird von Blumen beherrscht. Oben gepflegte Rosengirlanden, unten – nun ja, ein ziemliches Chaos. Diesen Teil des Gartens kann nur ein Messie bestellt haben. Aber genau dieses Blumen-Kuddelmuddel steht für Zustand A – unser aktuelles, reparaturbedürftiges Leben, und da gerade die größten Ordnungsfanatiker schicksalsmäßig oft die schlimmsten Messies sind, gelingt es ihnen einfach nicht, ihrem Leben ein Gesicht zu verleihen.

Vielleicht fragst du dich, was für weiße Blumen das sind, die sich in der unteren Bildhälfte unter die Rosen mischen. Frag einen Pflanzenkenner – er wird dir sagen, das sind Lilien. Den Rest kann dir vielleicht deine Mutter erzählen – dass die Lilie zwar Symbol für Unbefleckheit, Unbedarftheit, Unschuld ist, andererseits aber auch die traditionelle Todesblume.

Was haben Unschuld und Tod gemeinsam?

Unschuld – das ist der Zustand von Adam und Eva im Paradiesgarten vor dem Sündenfall. Nichts brauchen, nichts wünschen, nichts begehren. Ein stressfreies, aber auch ereignisloses Dasein. Und nicht eben ein Argument dafür, in diese Welt geboren zu werden. „In Unschuld *leben*" ist geradezu ein Widerspruch in sich, denn der Zustand der Unschuld ist dem Tod viel näher als dem Leben. Das will uns die Lilie sagen.

Denken wir nur an den Zölibat, der katholischen Geistlichen gegen ihren Willen auferlegt wird. Er ist Reinheit, Unschuld – aber auch eine Art Tod bei lebendigem Leib. Kein Wunder, dass er sich gelegentlich so morbide Auswege sucht.

Die Rose ist ein Symbol für *Liebe* – und machen wir uns nichts vor, wir alle wollen Liebe. Das hat nichts mit esoterischem Licht-und-Liebe-Getue zu tun. Liebe deckt eine gigantische Bandbreite ab. Von der Liebe zwischen Mutter und Kind über Verknalltheit bis hin zum Sex usw. Wenn Freud behauptet, jeder Aspekt des Lebens lasse sich auf Sex reduzieren, denkt er zu eng – doch ersetzen wir das Wort Sex durch Liebe (in einer ihrer vielen Ausprägungen), gewinnt Freuds Hypothese wieder an Logik. Der Begriff Liebe steht synonym für ein Leben in Bewusstheit. Jeder gesunde Mensch ist ein Liebender. Wer nicht lieben kann, hat einen Defekt.

Die Lilie – also die Unschuld – lässt so etwas wie Liebe nicht zu. Unschuld ist geschlechtslos; sie ist gefühlsneutral und im schlimmsten Fall auf blinde

Weise gerecht. Das Weiß der Lilie stößt sich am Rot der Rose. Damit also Leben entstehen kann, muss die Unschuld, die Lieb-Losigkeit ausgejätet werden. Diesen Zustand sehen wir am oberen Kartenrand: Nur die Rosen sind übrig geblieben. Aus Gottes „Spielzeug" im Garten Eden ist ein selbstbewusster Mensch geworden, der weiß, was er will. Der Magier hat die Welt nach *seinem* Willen, gemäß *seiner* Liebe gestaltet.

Rot und Weiß

Der Farbkontrast Weiß-Rot findet sich auch in der Kleidung des Magiers. Um zum Zauberer und Schöpfer seiner eigenen Welt zu werden, muss der unbedarfte und reine Mensch (weißes Gewand) eine rote Kutte überstreifen und zum Liebenden werden. Liebe heißt: Subjektiv sein, sich für eine Sache entscheiden, etwas mögen und etwas anderes nicht mögen. Eine aktive Ausprägung von Liebe ist deshalb der sogenannte *Wille*.

Man kann sich dem oft als „göttlichem Willen" bezeichneten Stand der Dinge kritiklos fügen – oder seinen eigenen Willen einbringen. Letzteres ist der Weg des Magiers. Wenn die Figur auf dem Bild ihre rote Kutte abwirft, wird sie wieder zu einem Menschen wie jedem anderen, dessen Gedanken und inneren Bilder sich nicht zwingend als Realität manifestieren.

Das ist eine wichtige Lektion: Du bist nur dann Magier, wenn du Magier sein *willst*. Du bist es nicht rund um die Uhr. Nur wenn du deine rote Kutte überstreifst (mit der Bedeutung: *Mein Wille geschehe*) und zum *Liebenden* wirst, ist die Kraft der Realitätserschaffung aktiv, und du solltest vorsichtig mit deinen Wünschen sein. An allen anderen Stunden des Tages gilt: „Die Gedanken sind frei".[2]

Wie man „gute" Geister austreibt

Was passieren kann, wenn man ein Leben lang nur das weiße Gewand trägt, vor der roten Kutte der Liebe und Subjektivität aber zurückschreckt, zeigt uns die Schlange, die sich selbst in den Schwanz beißt und wie ein Warnsignal anmutet. Unter ihr (aber nicht oberhalb von ihr) sind senkrechte Linien zu erkennen, was bedeutet, dass diese Haltung uns leicht in die Tiefe reißen, nie aber auf eine höhere Stufe führen kann. Der Weg des weißen

---

[2] Denk aber daran, dass deine Grundeinstellung durchaus prägend für den Gesamtcharakter deiner Lebenswelten ist. Als Mensch, der auf Verdruss programmiert ist, wirst du keine Glückssträhnen haben. Näheres dazu in dem Kapitel über „die dritte Art von Magie".

Gewandes – sprich: des Verzichts auf persönliche Vor-*Lieben* – ist der Weg der festgefahrenen Muster.

„Da beißt sich die Katze in den Schwanz", hört man oft. Auf unserem Bild handelt es sich zwar um eine Schlange, doch die Aussage ist die gleiche: Wenn du nicht verändernd auf dein Leben einwirkst, wirst du auf viele solche „sich selbst fressende und wieder ausspuckende" Schlangen stoßen, und zwar in Form von Mustern, die in deinem Leben *immer wieder* auftreten.

Ein Beispiel: Dein Chef behandelt dich schlecht. Also kündigst du und suchst dir einen anderen Job. Doch dein neuer Chef behandelt dich wieder schlecht. Also kündigst du wieder. Im dritten Job: Exakt das Gleiche. Das Muster wird sich wiederholen, auch wenn du irgendwann deinen tausendsten Job antrittst – und zwar, weil du nur die *Form* verändert hast, nicht aber den *Inhalt*.

Einen Job zu wechseln hat nichts mit Magie zu tun. Es ist eine rein äußerliche Veränderung. Wie eine neue Freundin oder eine neue Wohnung. Eine echte Transformation muss die Inhalte mit einbeziehen, was einen Lernprozess voraussetzt bzw. die Einsicht, dass alles, was du erlebst, mit dir zu tun hat. In der Kiddie-Sprache hat es sich eingebürgert, von „Opfern" zu sprechen. Dahinter verbirgt sich meist nur Macho-Schwachsinn – doch geborene *Opfer* gibt es wirklich.

Eine Frau, die immer nur auf Männer trifft, die sie schlecht behandeln, hat irgendwo in ihrem Unterbewusstsein ein Opfer-Muster verinnerlicht. Und dasselbe gilt für alle, über denen immer wieder der Pleitegeier kreist oder eine Krankheit die andere ablöst: Lebensläufe, in denen kein wirklicher Fortschritt stattfindet, weil man monate- und jahrelang nur immer das weiße Unschuldsgewand trägt.

Die Tarot-Karte „Der Magier" verrät, wie wir dagegen vorgehen können: Wir müssen in den roten Umhang schlüpfen. Und das bedeutet nicht nur, dem eigenen Willen zu seinem Recht zu verhelfen, sondern auch die Struktur zu erkennen, die dein Leben bestimmt. Nur so gelingt es dir, nicht nur die Form zu verändern, sondern den Inhalt, was die entsprechende Form selbsttätig anzieht.

Return to Innocence

Warum, so fragen wir uns, trägt der Magier eigentlich ein weißes Stirnband? Warum ist es nicht rot wie der Wille und die subjektive Liebe?

Als Magier schlüpfst du in eine ganz eigenartige Rolle. Für ein paar Minuten musst du einfach vergessen, was sie dir im Physik- und Chemieunterricht erzählt haben – sonst gerätst du in einen Konflikt deiner Überzeugungen. Du musst dich – wie Anton LaVey, der Gründer der „Church of Satan", es ausdrückte – in einen „intellektuellen Unterdruckraum" begeben, d. h. sämtliche Logik vergessen und dich auf eine andere Welt mit anderen Gesetzen einlassen. Du musst – in rationaler Hinsicht – zum Kind werden. Unschuldig. Daher das weiße Stirnband.

Dieses „Stirnband der Unschuld" hat nichts zu tun mit Dummheit oder Naivität. Es ist nichts anderes als das Abkommen, das wir z. B. mit uns selbst treffen, wenn wir ins Kino gehen: Für die nächsten anderthalb oder zwei Stunden lassen wir uns auf eine fremde Welt ein. Wir wissen zwar, es ist nur Mummenschanz, der sich uns da bietet, aber um ihn auskosten zu können, müssen wir fähig sein, diesen Umstand zu vergessen.

Was jedoch bei Kinobesuchen akzeptabel ist, gilt in der realen Welt als krank oder absonderlich. Kinder haben das Recht, sich Fantasiewelten zu erschaffen, bei Erwachsenen wird die Sache zum Problem hochstilisiert. Kein Wunder, dass der Nachwuchs an fähigen Magiern immer mehr schrumpft.

Die vier magischen Werkzeuge

Der Tisch ist ein Symbol für die materielle Welt. Er ist solide, messbar, real vorhanden. Der Tisch existiert.[3] Das bedeutet: Die Welt, in der du als Magier agierst, ist nicht die deiner Fantasie, in der du im Prinzip auch alles haben kannst, was du willst: Geld, Sex, Erfolg, Gesundheit usw. Diese Erlebnisse können sogar sehr realitätsnah sein; dennoch kommt stets der Moment des Erwachens, in dem du dich in deiner alten, unbefriedigenden Situation wiederfindest.

Auf dem Tisch liegen vier Gegenstände, die man auch als „die magischen Werkzeuge" kennt: der Stab, der Kelch, das Schwert und die Münze – die vier „Farben" der Zahlenkarten also. Diese Werkzeuge samt ihrer Symbolik sind das A und O jeder magischen Operation. Sobald du eins davon vernachlässigst, fehlt ein Baustein im Gefüge.

---

[3] So glauben wir zumindest; wir werden uns dazu später ein paar unbequemen Fragen stellen müssen.

Sehen wir uns als erstes den **Stab** an. Er steht für das Element Feuer – und das ist dein Wille, deine Entschlossenheit, deine Durchsetzungskraft. Was du erreichen willst, musst du *wollen*. Und wissen, dass du Schöpfer bist.

Der **Kelch** steht für das Wasserelement. Dein Wille ist machtlos, wenn er nicht von Gefühlen getragen wird. Du kannst ein berühmter Fußballspieler werden *wollen*, und dein Wille mag essentiell sein – du musst aber auch in der Lage sein, ihn mit emotionsgeladenen Bildern zu erfüllen. Sieh dich, wie du den Ball ins Tor jagst. Empfinde nach, wie du dich dabei fühlst. Höre den Jubel der Menge, spüre den prickelnden Champagner auf deiner Haut, wenn die anderen dich als Sieger feiern. Je stärker du eine Situation vor-erleben kannst, umso intensiver wirst du sie später nach-erleben können.

Das **Schwert** (dem Luftelement entsprechend) sagt dir: Du musst genau wissen, *was* du wirklich willst. Schwammige Absichtserklärungen sind flüchtig wie Äther. „Ich will einen *anderen* Beruf, ich will *woanders* wohnen, ich will einen *besseren* Partner" – das sind keine magischen Absichtserklärungen. Im Metzgerladen sagst du ja auch nicht: „Ich will 100 Gramm Wurst" – sondern du willst Salami, Mortadella oder Lyoner. Wenn du dich nicht präzise artikulieren kannst, könnte die Tüte, die dir der Verkäufer gibt, eine ärgerliche Überraschung bergen. Mit dem Wünschen ist es genauso.

Die **Münze** (Erde) steht für deine Bodenhaftung. Du kannst dir jeden Wunsch erfüllen, sofern er *realistisch* ist, genau dort aber liegt die Grenze. Es wird dir nicht gelingen, dich mittels Magie in eine Ente oder einen Wolf zu verwandeln; und wenn du als kleinwüchsiger Pykniker zur Welt gekommen bist, wird kein Wunder dieser Welt aus dir einen schlanken Adonis machen. Du musst mit dem Material arbeiten, das du zur Verfügung hast. Das heißt nicht zwingend, dass du anderen gegenüber im Nachteil bist. Zu jedem Topf gibt es einen Deckel. Und dass die unsagbar hübsche Jacqueline Bouvier auf alte, unansehnliche Männer stand, gereichte dem griechischen Reeder Ari Onassis dereinst zum Glück.

Wie oben, so unten

Dieser Satz ist die Quintessenz der *Tabula Smaragdina*, und gleich zwei Symbole auf der Magier-Karte erinnern an ihn:
Zunächst die Handstellung des Magiers: Er deutet mit einem Arm nach oben (wo die geordneten Rosengirlanden sind), mit dem anderen nach unten (ins Rosen-Lilien-Chaos). Oben – das ist die Welt der Ideen und Mög-

lichkeiten; unten – das ist die Welt der Formen. Aufgabe des Magiers ist es, das Untere nach dem Vorbild des Oberen zu gestalten, d. h. eine Idee in eine Form zu „gießen". „Das Wort ward Fleisch", heißt es im Johannes-Evangelium.

Das zweite Symbol, das die Identität von Oben und Unten widerspiegelt, wäre der Zauberstab.

Der Zauberstab mit seinen beiden Polen entspricht in seiner Bedeutung etwa dem Kreuzzeichen. Das Kreuzzeichen hat mit dem Christentum nichts zu tun, wurde nur später von ihm vereinnahmt. In seiner ursprünglichen und magischen Bedeutung symbolisiert das Kreuz eine Vereinigung zwischen Himmel und Erde, zwischen Oben und Unten, zwischen der Welt der Ideen und der Welt der Formen. „Wie oben, so unten" bedeutet also: In der Ideen-Sphäre bist *du* es, der erschaffen muss; in der Realität formen sich die Dinge nach deinem Vorbild von selbst.

Stell es dir vor wie bei einer Plätzchenschablone, die z. B. die Form eines Sterns hat. Du musst nur die Schablone haben, dann entstehen die Sterne von selbst. Am Teig musst du nicht zusätzlich herumfummeln.

Die Sonne geht auf

In der Kunst gibt es Himmel in allen Farben – lila, rot, grün und manchmal sogar blau. Auf Tarotkarte I haben wir es mit einem gelben Himmel zu tun, und wir werden sehen, dass diese Himmelsfarbe uns im Tarot recht oft begegnet. Du kannst die Stimmung dieses speziellen Himmels selbst erspüren – er vermittelt ein Gefühl des Neuanfangs, des Morgens. Es ist das Licht der aufgehenden Sonne.

Wenn du Magie ausübst, kreierst du in deinem Leben immer wieder neue Sonnenaufgänge. Die lange Nacht des Hoffens und Fürchtens ist vorbei. Alles ändert sich. Viele scheuen diesen Sonnenaufgang; schließlich bedeutet er auch, sich mit einer neuen Situation anfreunden zu müssen, die sie ihrem bequemen Trott enthebt. So beginnen manche Menschen, ihr trostloses Schicksal zu lieben und unternehmen gar nichts. Ihr Leben bleibt statisch.

Die Lemniskate

Sehen wir uns zuletzt das seltsame Symbol über dem Kopf des Magiers an. Es ähnelt einer liegenden Acht und manche kennen es vielleicht aus dem Mathe-Unterricht – es ist das Zeichen für „unendlich".

Dieses Symbol heißt *Lemniskate,* und seine Verwandtschaft zur Acht kommt nicht von ungefähr. Die Acht ist die einzige Ziffer, die du in einem Strich zeichnen kannst, d. h. ohne dass du den Stift vom Papier abheben musst wie bei anderen Zahlen. Du könntest *ewig und ewig* so weitermachen. Deshalb gilt die Acht als die Zahl der Ewigkeit. Taufbecken zum Beispiel sind achteckig – und glaubt man dem christlichen Dogma, so gilt die Taufe *ewig,* ist also irreversibel. Falls du aus der Kirche aus- und wieder eintrittst, wirst du die Taufe kein zweites Mal empfangen. Sie ist dir sozusagen „geblieben".

Was hat das Zeichen für Unendlichkeit mit dem Prinzip des Magiers zu tun?

Stell dir einmal vor, du wünschst dir einen Partner und holst ihn mittels Magie in dein Leben. Das ist kein isoliertes Ereignis, von dem der Weltenlauf unbeeinflusst bleibt. Im Gegenteil: Ihr werdet Kinder haben, und aus diesen Kindern werden Bankiers, Anwälte oder Verbrecher. Ihr werdet Spuren hinterlassen, überall. Auch eure Kinder werden sich wieder fortpflanzen, und es wird Menschen geben, die ihr liebt, verehrt, kränkt oder im schlimmsten Fall tötet. Anders gesagt: Wenn du im Leben eine Welle erzeugst, kommt ihre Schwingung *nie mehr* zum Stillstand. Auch in Millionen von Jahren nicht. Jedes magische Werk ist ein Werk für die Ewigkeit.

Du bist Schüler und wünschst dir, eine Prüfung zu bestehen. Diese Prüfung kann das Zünglein an der Waage sein, damit du deinen Schulabschluss schaffst. Und weil du diesen Schulabschluss nun schaffst, darfst du studieren und Jurist werden, und du verteidigst erfolgreich einen Vergewaltiger, der daraufhin nur eine Bewährungsstrafe bekommt und drei weitere Frauen vergewaltigt. *Nur weil du deine Prüfung bestanden hast.*

Eins der Kinder dieser Vergewaltigungsopfer schreibt daraufhin ein kritisches Buch über unsere Justiz. Es wird zum Bestseller und in viele Sprachen übersetzt. Aber die Autorin wird sich damit auch Feinde machen. Einer dieser Feinde lauert ihr eines Nachts vor dem Haus auf und erschießt sie. *Nur weil du deine Prüfung bestanden hast.*

Du siehst: Wenn in deinem Garten ein Blatt von einem Baum fällt, kann dies irgendwo auf dieser Welt ein Desaster zur Folge haben. Über tausend Ecken. Es gibt keine Veränderung, die nicht eine unendliche Folge weiterer Veränderungen nach sich zieht. Nichts vergeht oder bleibt irgendwo stehen. Du bist unsterblich durch das, was du bewegst – auch wenn es nur ein Staubkorn ist.

Denk an die großen Dichter, Musiker und Politiker der Vergangenheit. Jeder von ihnen wirkt noch immer nach. Denk an Hitler, Mussolini und all die Diktatoren. Sie haben es – neben all dem Unheil, das sie über die Welt brachten – auch geschafft, ein ganzes Weltbild in sein Gegenteil zu verkehren, wiederum bis an seine ungesunden Grenzen der Bevormundung des Individuums unter dem Signum des vermeintlich Guten (Rauchverbote, Denkverbote, Meinungsäußerungsverbote). Die „Anständigen" unserer Tage sind Adolfs leibliche Kinder, und die rechten Tyrannen zeugten linke Tyrannen, und es bleibt nur zu hoffen, die Geschichte weiß, was sie tut.

Zusammenfassung

1. Der wichtigste Grundsatz für den Magier lautet „Ich KANN". Du *kannst* deine Welt gemäß deinen Wünschen verändern.
2. Falls du an außerpersönliche Mächte glaubst, die dein Leben lenken, denk daran: Sie bedürfen *deiner* Mitarbeit.
3. Die Lilie steht für Unschuld, Bedürfnislosigkeit, Wunschlosigkeit – einem Zustand also, der dem Tod sehr nahe kommt. Die Rose steht für Liebe – und Liebe bedeutet, sich von ganzem Herzen für oder gegen etwas zu entscheiden.
4. Als Magier bist du stets ein Liebender.
5. Liebe heißt: Sich zu entscheiden und Inhalte festzulegen, damit die Formen deines Lebens sich verändern können.
6. Stab, Kelch, Schwert und Münze stehen – in dieser Reihenfolge – für deinen Willen, deine Emotion, die Exaktheit deiner Wünsche und den „gesunden" Realitätsbezug.
7. Was immer du auf magische Weise bewirkst – es wird sich bis in alle Ewigkeit fortpflanzen und weiterwirken, so wie ein Mensch Kinder und Kindeskinder zeugt. Das ist einer der vielen Aspekte von Unendlichkeit, symbolisiert von der liegenden Acht, der Lemniskate.

Lektion 2 - Abwarten und Tee trinken

Magie bedeutet nicht fortwährendes Aktivsein. Wie beim Ein- und Ausatmen, wie bei Yin und Yang, gibt es eine Phase der Aktivität und eine Phase der Passivität. Diese passive Phase spiegelt sich im zweiten Tarotbild, dem der „Hohepriesterin".

Wenn du ein Vorstellungsbild magisch aufgeladen hast, *muss* es sich verwirklichen. Das bedeutet jedoch, dass du dich ab einem gewissen Punkt nicht mehr einmischen solltest, da dies die selbsttätige Entwicklung der Dinge auf destruktive Weise beeinflussen könnte. Klar: Wenn du dir wünschst, dass jede Frau, die dir begegnet, dich geil findet, musst du auch rausgehen und Frauen treffen. Du kannst aber darauf vertrauen, dass deine Ausstrahlung von

Die HOHEPRIESTERIN

selbst entsteht; du musst nicht ständig daran herumkorrigieren. Oder wenn du dir wünschst, eine bestimmte Person zu treffen, ist es nicht nötig, deshalb pausenlos in ihrem Wohnviertel herumzulungern. „Wunder" geschehen von allein.

Am besten ist es, die Zeit des Werdens mit einer inneren Gewissheit zu verbringen und sich anderen Dingen zu widmen. In vielen Magiebüchern steht, man solle seinen Wunsch „vergessen", was natürlich eine überspitzte Formulierung ist, denn Vergessen auf Befehl funktioniert nicht. Versuche auch nicht krampfhaft, allen Gedanken an deinen Wunsch auszuweichen – umso stärker nämlich werden sie sich dir aufdrängen. Am besten ist es, sich ganz zwanglos zu verhalten. Falls der Gedanke an deinen Wunsch auftaucht, lass ihn zu, aber forciere ihn nicht. Dann gelangst du zu jener Gelöstheit, die mit dem Bild der Hohepriesterin vermittelt werden soll.

Reifezeit

Ganz eindeutig symbolisiert der blaue Himmel kein Erwachen, keinen Neuanfang wie bei dem Bild des Magiers. Unser Gefühl sagt uns: Hier handelt es sich nicht um einen Morgen-, sondern eher eine Art Nachmittagshimmel. Der Nachmittag ist die Zeit, in der die Sonne ihren Zenit überschritten hat und der Tag zu „kippen" beginnt. Du kannst es dir vorstellen wie bei einer Kinderwippe: Bist du ganz oben angelangt, geht es wieder abwärts. Der Morgen war Handeln; jetzt kommt die Trägheit des Nachmittags, in der die Dinge von der Vorbereitungs- in die Entwicklungsphase übergehen, ehe sie am Abend als Stern geboren werden. Damit Dinge sich entwickeln können, brauchen sie Zeit. Ein Hefeteig geht nicht schneller auf, wenn man ständig darin herumstochert – der Teig muss „arbeiten". Der beste Käse entsteht, wenn man der Masse Zeit lässt, im Keller zu reifen – ungestört, ohne Zusatzstoffe, die in jene Entwicklung eingreifen. Mit dem Schicksal ist es genauso. Da wir sein Wirken nicht wirklich begreifen, ist es besser, nach der Absichtserklärung die Finger davon zu lassen.

Stirb und werde

Auffallend an dem Bild sind die beiden Säulen mit den rätselhaften Buchstaben B und J. Was sie bedeuten, verrät uns die Bibel: Am Eingang des von König Salomo in Jerusalem errichteten Tempels standen zwei Säulen mit den Namen Boas und Jachin. Boas bedeutet „Stärke", Jachin bedeutet „aufrichten". Es wird also etwas *in Stärke aufgerichtet* – etwas mit einem stabilen Fundament, das nicht vom nächsten Windstoß umgepustet werden kann.

Das gleiche gilt für dein magisches Werk. Es kann nicht einfach aus dem Boden gestampft werden. Es muss dauerhaft sein; und genau das ist der Grund, weshalb es gelegentlich etwas länger dauern kann, bis das Ergebnis vorliegt.

Der Buchautor und Philosoph Holger Pinter spricht in seinem Essay über die „68er-Verschwörung" vom Phänomen der Zeitpräferenz. Kluges Handeln impliziert stets eine hohe Zeitpräferenz – das heißt, man richtet die Dinge so aus, dass sie langfristige Stabilität garantieren. Einer niedrigen Zeitpräferenz zu huldigen, hieße, nur an den jetzigen Moment, den vorübergehenden Genuss, das flüchtige Hier und Jetzt zu denken.[4] Ein Beispiel: Du bist pleite. Dann hast du im Lotto einen Fünfer und gewinnst 7.000 Euro. Du kannst jetzt sagen: Okay, wenn ich mich ein wenig am Riemen heiße, kann ich davon ein halbes Jahr leben und mir in der Zwischenzeit eine neue Einnahmequelle suchen (*hohe Zeitpräferenz*). Du

---

[4] Vgl. Holger Pinters Aufsatz „Die 68er-Verschwörung", enthalten in: *Schwarz & Magisch*, Heft 5, Edition Esoterick, Siegburg, 2009.

kannst aber auch sagen: Ach was, es ist Sommer, und mir fällt eh schon die Decke auf den Kopf; ich lade von dem Geld meine Freundin und mich zu einem schönen langen Urlaub nach Griechenland ein, wo wir das Geld auf den Kopf hauen können *(niedrige Zeitpräferenz)*.

Die Kräfte, die unsere Wünsche in Erfüllung gehen lassen, arbeiten mit einer *hohen* Zeitpräferenz. Sie ähneln Hiram, dem Architekten des Salomonischen Tempels – und der war mit Sicherheit sehr vorausschauend: *In Stärke aufrichten*. Anders gesagt: Das Ding muss stehen bleiben und notfalls auch den nächsten Tornado überleben. Also muss ich für das Fundament tief graben. Muss auch ins Leben anderer eingreifen, und hier was manipulieren, da was korrigieren.

Wenn du laute Nachbarn hast, kannst du dir wünschen, dass sie wegziehen. Aber sie werden daraufhin nicht wie hypnotisiert ihre Koffer packen und ins Blaue verschwinden – sie brauchen einen Grund. Dieser Grund muss vom Schicksal erst erschaffen werden. Sie brauchen auch einen neuen Wohnsitz. Dieser Wohnsitz entsteht nicht wie durch Geisterhand. Du siehst also, einen Sack Flöhe hüten ist leichter als Realität zu gestalten.

Auch wenn ich öfter mal das Wort „Wunder" verwende – Wunder im herkömmlichen Sinne gibt es nicht. Ein Wunder z. B. wäre es, wenn du dir ein hübsches Mädchen wünschst, und du bräuchtest nur das Fenster zu öffnen, und sie flöge als Engel in dein Zimmer. Doch hübsche Mädchen werden niemals fliegen können, und selbst wenn sie es könnten, würden sie sich kaum in dein Zimmer verirren. Magie folgt immer den Naturgesetzen.

In der Tradition wurden das B und J übrigens auch oft als Beelzebub und Jahwe interpretiert, und auch diese Variante ergibt Sinn: Jahwe gilt als der Schöpfergott (der Neues entstehen lässt), Beelzebub (eine der Manifestationen des Teufels) als der Zerstörer. Beide voneinander zu trennen, ist unmöglich. Jeder Schöpfungsakt impliziert Vernichtung. Wenn ich mir eine Zigarette anzünde, muss ich dazu ein Streichholz abbrennen. Wenn ich eine Straße baue, muss ich ein Stück Natur vernichten. Es ist der Zyklus von Geburt und Tod, der allem, was ist, zu Grunde liegt. Jeden Tag kommen Millionen Babys zur Welt, dafür sterben am gleichen Tag Millionen Greise, deren Zeit vorüber ist. Würden sie ewig leben, wäre bald kein Platz mehr auf diesem Planeten. Eine neue Liebe tritt in dein Leben, eine alte Beziehung geht dafür zu Ende.

Schon deshalb ist es absurd, zwischen „Weißer Magie" und „Schwarzer Magie" zu unterscheiden. Erschaffen heißt Zerstören. Immer. Eine Erkenntnis, die uns bei der Analyse von Karte XIII noch näher beschäftigen wird.

Wie schreibt schon Goethe?

> *Und so lang du das nicht hast,*
> *Dieses: Stirb und Werde!*
> *Bist du nur ein trüber Gast*
> *Auf der dunklen Erde.*

Die Mimik der Frau

Im Zentrum der Karte steht die Gestalt der Hohepriesterin samt ihrer Metaphorik. Ihr Gesichtsausdruck – in Kontrast zu dem des Magiers auf Bild I – lässt nicht gerade auf jemanden schließen, mit dem man Pferde stehlen möchte.

Würde man mich fragen, was sich in diesem Gesicht spiegelt, so würde ich sagen: *Nichts*. Weder Freude noch Trauer, weder Positives noch Negatives, weder Liebe noch Hass. Es ist der Prototyp eines neutralen Gesichtsausdrucks, und auch das will uns natürlich etwas sagen.

Wenn du eine magische Operation durchführst, kannst du einem anderen Liebe und Erfolg im Leben wünschen – aber auch einen Genickbruch. Und das Kuriose daran ist, dass es den wirkenden Kräften egal ist, was du dir wünschst, weil jene Kräfte völlig unparteiisch sind.

Die traditionelle Gottvorstellung ist anders. Der Mensch hat Sehnsüchte und Wünsche, und Gott trennt die Spreu vom Weizen. Er sagt: „Zwei Frauen gleichzeitig zu begehren, das geht nicht." Oder er sagt: „Du sollst keinen Sex mit Minderjährigen haben." Oder er sagt: „Es ist widerwärtig und gemein, wenn du deine Frau jetzt verlässt." Aber dieser Gott ist nur eine Sagengestalt. Der eigentliche „Gott" – sprich: die Kraft, mit der du dich verbindest, wenn du Schicksal manipulierst – wertet *nicht* moralisch. Er ist nur eine Energieform. Wie das Gas in dem Herd, auf dem du eine leckere Suppe, aber auch kleine Kinder kochen kannst. Beseelt oder individualisiert wird er von dir – und du kannst erfahrungsgemäß ein wunderbarer Mensch sein oder ein Mistkerl.

Genau deshalb gibt es auch keine „ausgleichende Gerechtigkeit" – sie ist nur ein frommer Traum. Gäbe es sie, würden manche, die heute unsere Welt regieren, längst das Gras von unten beschauen, und manch wertvoller Mensch hätte einen würdigeren Tod gehabt. Trotzdem liest man immer wieder in Magiebüchern: „Sei vorsichtig. Böse Wünsche fallen dreifach auf dich selbst zurück."

Dreifach können wir schon gleich mal streichen; das ist nur ein abgedroschenes Stilmittel. Und zurückfallen? In einem einzigen Fall tun sie es: Wenn du dir Vorwürfe machst. Wenn du selbst fest davon überzeugt bist, unmoralisch gehandelt zu haben, ist dein Inneres nicht mehr stark genug, um die Konsequenzen zu ertragen und holt sich seine Strafe als „Selffulfilling prophecy" dirckt beim Universum ab.

Diese Strafe muss oft gar nicht mal so blutig sein. In vielen Fällen genügt dein quälendes Gewissen, das sich nachts in deine Träume bohrt und auch an heiteren Sommertagen aus jeder verdammten Schäfchenwolke grinst.

Das Kreuz

Die Hohepriesterin trägt um ihren Hals ein Kreuz. Wir wissen mittlerweile, dass sie deshalb keine Christin sein muss. Die Weisheit des Tarot existierte lange bevor jene zweifelhafte Sekte entstand. Wir begegnen dem Kreuz hier in seiner *ursprünglichen* Bedeutung.

Das Kreuz – wir haben es bereits im letzten Kapitel angedeutet – ist in der Tat nichts anderes als eine Verbindung von Unten (horizontale Linie) und Oben (vertikale Linie). Wo immer ein Kreuzeichen erscheint, bedeutet es: Die Kommunikation zwischen den himmlischen (schöpferischen) und irdischen (gestaltenden) Sphären klappt. In der Phase des Stilleseins und der Passivität, wie sie von der Hohepriesterin repräsentiert wird, ist jene Verbindung besonders aktiv. Die Kräfte sind am Walten.

Das Meer und der Wilde Westen

Das Meer ist fast unendlich, aber nur fast. Deine persönliche Welt der Möglichkeiten ist zwar grenzenlos, in ihrer Grenzenlosigkeit aber dennoch begrenzt.[5] Das heißt: Es stehen dir zwar unendlich viele Möglichkeiten zur Verfügung, gewisse Möglichkeiten aber von vornherein *nicht*. Die Grenzen liegen in deiner Biologie, Geographie, Psychologie usw.

Über die Unendlichkeit des Kosmos zu meditieren, ist müßig. Beschäftige dich lieber mit dem Ozean, und du hast genug zu knabbern. Für deine Augen ist er eine gigantische Welt, die du in Millionen Jahren nicht erfassen könntest. Das gleiche Ausmaß an Welt in etwa steht dir als Magier zu Verfügung.

---

[5] Dieses scheinbare Paradoxon wird in einem späteren Kapitel näher erläutert.

Das Meer, das wir zwischen den Säulen und dem Gewand der Hohepriesterin fragmentarisch erblicken können, ist das Ur-Meer, die Ur-Suppe, das sprudelnde Wasser, aus dem wir gekommen sind und in das wir irgendwann zurückkehren werden. Alles, was entsteht, wird aus diesem Meer geboren. Auch dein Schicksal. Auch dein Leben.

Bezeichnend – und eine Bestätigung für das Gesagte – ist die Tatsache, dass die Hohepriesterin mit dem Rücken zu jenem Meer sitzt. Das Geschehen in jener Ursuppe des Werdens ist für ihre Augen also unsichtbar. Sprich: Die Bewegungen des Schicksals spielen sich „hinter unserem Rücken ab" und sind ein unglaublich komplizierter Mechanismus, den wir nicht mal ansatzweise begreifen würden.

Das müssen wir auch nicht. Im Gegenteil: Bei der Erschaffung von Welten ist es ein wenig wie im Wilden Westen – es ist nicht gerade vorteilhaft, wenn man zu viel weiß. Es gibt die Geschichte von dem Mann, der bei seinen Mitmenschen viele Krankheiten heilen konnte – bis ein Arzt kam und ihm die medizinischen Zusammenhänge erklärte. Und ich kannte einen Gitarrenspieler, der – rein aus dem Gefühl heraus – ein hervorragendes Rasgueado hinlegen konnte, bis jemand seine Fingerbewegungen analysierte und auf ein Notenblatt zu bannen versuchte.

Lots Weib drehte sich um, weil sie Gott sehen wollte, und erstarrte daraufhin zur Salzsäule. Wenigstens das kann der Hohepriesterin auf unserem Bild nicht passieren. Der Vorhang hinter ihr würde sie am Anblick des Ozeans hindern.

Palmen und Granatäpfel

Die Palmen und Granatäpfel, die wir auf dem Vorhang sehen, sind Symbole für Fruchtbarkeit und Jungfräulichkeit.

In Zusammenhang mit dem magischen Werk steht Jungfräulichkeit für die Eigenschaft, offen zu sein für alles. Das Gegenteil davon wären Fixierungen. Je fixer deine Vorstellungen von dem sind, was du ernten möchtest, umso schwerer machst du es den Schöpferkräften, zufriedenstellende Manifestationen herzustellen. Ein Beispiel: Du wünschst dir einen Mann mit blonden Haaren. Das ist völlig okay. Aber er soll auch noch Schuhgröße 43 haben. Die Schnittmenge wird jetzt schon geringer. Er soll einen Meter zweiundachtzig groß sein. Du willst ihn bei einer Zugfahrt kennen lernen. Er soll Nichtraucher sein. Er soll keine Brusthaare haben, aber behaarte Unterarme. Und so weiter. Der Pool wird immer kleiner. Vielleicht sind deine Ansprüche so zahlreich, dass es gar keinen Mann gibt, der all jene

Attribute in sich vereinigt. Oder nur ein- oder zweimal in deinem Wahrscheinlichkeitsbereich. Dann kann es Jahre dauern, bis dein Wunsch sich erfüllt, denn vielleicht lebt dieser Mann in Kanada, und es ist nicht so leicht, ihn in deinen Aktionsradius zu locken. Viel einfacher ist es z. B., wenn du dich für eine bestimmte Person entscheidest, die du kennst, von der du weißt, dass sie existiert, und die vielleicht nur drei Blocks entfernt wohnt. Wobei es immer eine Frage der Ethik ist, ob man wirklich eine *ganz* bestimmte Person beeinflussen soll. Vielleicht findet sie dich hässlich. Nun denk zurück an deine Schulzeit und eine Person, die du hässlich fandest. Stell dir vor, sie hätte Magie ausgeübt, um dich für sie zu begeistern. Wie fühlst du dich bei dem Gedanken? Eine Prise Respekt vor anderen ist dem Magier keineswegs abträglich.

Mond-Weisheiten

Das Symbol des Mondes taucht auf dieser Karte gleich zweimal auf. Zunächst einmal zu Füßen der Hohepriesterin – dort sehen wir eine liegende Mondsichel, und falls du nicht weißt, ob es sich um einen zunehmenden oder abnehmenden Mond handelt, denk an das Gedicht von Christian Morgenstern:

Als Gott den lieben Mond erschuf,
gab er ihm folgenden Beruf:
Beim Zu- als auch beim Abnehmen,
sich deutschen Lesern zu bequemen,
ein A formierend und ein Zett -
dass keiner groß zu denken hätt'.

Der Mond auf der Karte ist also ein zunehmender Mond. Als ich ein kleiner Junge war, gab es in unserem Dorf die Bennewitz-Kunni – eine uralte Frau mit weißem Haar, die Karten legen, Krankheiten besprechen und sonstige wundersame Dinge tun konnte. Ich erinnere mich nur noch schwach an sie, weiß aber noch, wie sie einmal sagte: „Wenn du willst, dass etwas weggeht, mein Junge, nimm es dir bei abnehmendem Mond vor; wenn du aber willst, dass etwas wächst, tu es bei zunehmendem Mond."
Der zunehmende Mond auf dem Bild bedeutet also: Hier wächst etwas. In der Zeit der Stille und des geduldigen Wartens entwickeln sich die Dinge. Wir spüren nichts davon, doch der Mond gibt uns ein Zeichen. Wie schreibt F. W. Weber? „Es wächst viel Brot in der Winternacht".

Zum zweiten Mal treffen wir auf das Symbol des Mondes bei der Kopfbedeckung der Hohepriesterin. Hier sehen wir nebeneinander drei verschiedene Mondphasen – nur der Neumond fehlt, der ist für unsere Augen unsichtbar. Die Botschaft ist in etwa die gleiche: Alles auf der Welt – eine Liebesbeziehung, ein neuer Job, ein neuer Lebensabschnitt – hat seine Wachstumsphase, seinen Höhepunkt und die Zeit, in der das Gebilde wieder zerfällt. Die Vergänglichkeit der Dinge sollte uns stets bewusst sein.

Die Schriftrolle

Sie ist vielleicht das wichtigste Symbol auf diesem Bild – mit einer Botschaft, die nicht so leicht zu erfassen ist.

Auf der Schriftrolle in den Händen der Hohepriesterin steht das Wort „Tora". Als Tora bezeichnet man den ersten und fundamentalen Teil der hebräischen Bibel – das jüdische „Gesetz", also die fünf Bücher Mose. Für die Juden war es *die* göttliche Weisung schlechthin; alle anderen biblischen Bücher galten nur als Ergänzung. In unserem Fall aber steht Tora nicht für das speziell jüdische Gesetz, sondern für das über alle Religionen erhabene Gesetz, das unserem Leben zu Grunde liegt.

Beginnen wir von vorn: Manche magischen Operationen scheinen einfach nicht klappen zu wollen. Oder es dauert unendlich lange, bis ein Ergebnis sich zeigt. Es gibt auch Personen, bei denen Geldrituale blitzschnell zum Erfolg führen, Liebesrituale sich aber als „harter Brocken" erweisen. Was könnte der Grund dafür sein?

Stellen wir uns die Kräfte, die unsere Wünsche manifestieren, mal als Teile unseres „Höheren Selbst" vor. Das „Höhere Selbst" ist ein konstruierter Begriff – ich verstehe darunter eine Intelligenz in unserem Inneren, die es einfach besser weiß als wir selbst. Wenn wir z. B. beziehungsunfähig sind, leben wir glücklicher ohne Beziehung. Warum also sollte unser Höheres Selbst uns unglücklich machen, indem es uns einen Beziehungswunsch erfüllt? In anderen Worten: Unser Leben *hat* ein Skript. Keins, an das wir sklavisch gebunden sind, aber es gibt einen roten Faden. Wenn wir zum Adler werden sollen, ist es sinnlos, Spatzenwünsche zu äußern. Und als Rose können wir uns nicht mit Pusteblumen fortpflanzen. So simpel ist das. Die Entscheidung haben wir womöglich selbst getroffen. Es ist kein Fatum, es ist irgendein Moment unseres Lebens, in dem wir eine Absicht geäußert haben. Bei mir lautete sie zum Beispiel: „Ich will Romanautor werden." Einen Monat später wünschte ich mir vielleicht ein Leben voller Partys und Gelächter. In diesem Moment musste ich mich entscheiden: Autor oder

Gelächter. Beides zusammen ging nicht. Wenn du saugute Bücher schreiben willst, kannst du nicht jede Nacht irgendwo abhängen und die große Sause machen. Entscheide dich also – Sekt oder Selters.

Hinzu kommt noch: Das Leben will uns natürlich viele Facetten des Daseins bieten. Auch das ist kein Fatum, sondern unsere unbewusste Entscheidung. *A time to plant, a time to reap, a time to laugh, a time to weep*, singen die *Byrds*. Ein Astrologe z. B. würde dir raten, dich während einer Saturn-Auslösung (einer Zeit der Kargheit und Disziplin) auch saturnmäßig zu verhalten; ansonsten wird der Saturn als „schicksalsmäßige Überraschung" in dein Leben kommen, und das kann Schmerz und Tränen bedeuten.

Wer nie erfahren hat, was Einsamkeit ist, ist unvollkommen. Wer nicht weiß, wie Abschied sich anfühlt, dem fehlt etwas Wesentliches. Krankheit, Streit, Verzweiflung, all das gehört zum Leben, und das Leben folgt Zyklen. Aus einem Dasein in ewiger Glückseligkeit lernen wir nichts. Ich konnte immer nur lachen über die „perfekten Magier und Super-Satanisten", die mir jede menschliche Schwäche, ja sogar meine Nettigkeit und Hilfsbereitschaft als Verfehlung auslegen wollten. Hätte ich mir ihr Prinzip angeeignet, wäre mir an meinem Schreibtisch nie ein glaubwürdiger Satz geglückt. Ich wäre ein emotionaler Dummkopf geblieben – genau wie sie. Und hätte – genau wie sie – meine Erfolge im Leben frei erfinden müssen, in der Hoffnung, genügend leichtgläubige Trottel zu finden, die auf mich hereinfallen.

Unsere Schwachstellen, unsere Untergänge, unsere dunklen Tage sind ein wichtiger Teil von uns selbst. Um zu „Helden" unseres Lebens zu werden, müssen wir nicht 24 Stunden am Tag ein Held sein.

An dieser Stelle zeigt sich ein außergewöhnliches Phänomen: In den meisten Fällen wählen wir unsere Wünsche unbewusst so, dass sie weder unserem überpersönlichen Lebensskript noch der jeweiligen Entwicklungsphase entgegensteuern. Wer Einsamkeit braucht, um zu erschaffen, was er erschaffen will, der wird sich in der Regel keinen festen Partner wünschen. Wer Trouble und Aufregung braucht, der wird sich kein einsames Haus in der Südsee wünschen. Da ist sie wieder, jene unbewusste Intelligenz – das „höhere Selbst".

Das Kätzchen

Es ist nicht leicht zu entdecken, da es sich unter dem Umhang der Hohepriesterin verbirgt, und ich glaube, ich bin einer der ersten Tarot-Interpreten (wenn nicht überhaupt der erste), der es aufgespürt hat. Inmitten der Mondsichel schmiegt es sich an das Bein der Hohepriesterin, und ich erteile ihm in diesem Kapitel gern das letzte Wort:

„Hast du schon einmal richtig über uns Katzen nachgedacht? Oder Erfahrungen mit uns gemacht? Falls du Katzenbesitzer bist, weißt du z. B., dass deine Katze sich, wenn du krank bist, sofort zu dir legt, als wolle sie dich trösten. Woher wir Katzen wissen, dass du krank bist? Wir wissen es nicht, wir spüren es einfach. Ebenso wie viele unserer Artgenossen, als ihre Besitzer im Krieg auf dem Feld starben, Hunderte von Kilometern entfernt zu schreien begannen. Deine Intuition offenbart dir eine Menge Dinge, die du auf natürlichem Wege nicht hättest erfahren können. Sie führt dich auch, wenn du Vertrauen hast und stille hältst, zur rechten Zeit an den rechten Ort, um den rechten Dingen zu begegnen."

Zusammenfassung

1. Auf die Zeit des magischen Handelns sollte eine Zeit der heiteren Erwartung folgen, in der du deinen Wunsch im günstigsten Falle „vergisst" und dich anderen Dingen zuwendest.
2. Unser Sein strebt nach einer gewissen Stabilität. Darum werden erfüllte Wünsche nicht „aus dem Boden gestampft", sondern benötigen ein Fundament. Dieses Fundament zu errichten, kann eine Weile dauern.
3. Die Kräfte, die bei magischen Operationen tätig werden, sind völlig neutral. Sie kennen weder Ethik noch Moral. Das einzige, was dir zusetzen kann, ist dein schlechtes Gewissen.
4. Die Zeit der Stille ist die Zeit des Wachstums. Dir mag eine bestimmte Lebensphase wie eine Flaute vorkommen, doch unsichtbar hinter dir sind die Gestaltungskräfte aktiv.
5. Wünsche, die partout nicht in Erfüllung gehen wollen, laufen meist einem anderweitig konstituierten Lebensplan zuwider.
6. Das „höhere Selbst" – jener unbewusste Bestandteil von uns, der es einfach besser weiß – sorgt in der Regel dafür, dass wir uns keine Dinge wünschen, die der Romanhandlung unseres Lebens zuwider laufen.
7. Die Hohepriesterin steht auch für die Intuition, die dich ohne dein Zutun zur rechten Zeit an den rechten Ort führt.

Lektion 3 - Tischlein, deck dich

Nach der kühlen Stille der Hohepriesterin, mit der wir auf Karte II konfrontiert wurden, wird uns beim Anblick der Herrscherin gleich wärmer ums Herz. Die Landschaft hat sich verändert. Das frostige Blau ist dem Gold eines Sonnenaufgangs gewichen. Man könnte sagen: Bescherung, Kinder.

Die HERRSCHERIN

Tatsächlich sehen wir hier den Zustand, der entsteht, wenn Magier und Hohepriesterin sich vereinigen. Aus Yin und Yang, aus aktivem und passivem Pol ist etwas Drittes geboren. Es ist der „gedeckte Tisch", was bedeutet: Die Früchte unserer Magie werden sichtbar.

Wir haben gestaltet – und Gestaltung ist es auch, die sich in jedem Aspekt dieser Karte spiegelt. Sehen wir uns die Symbole im Einzelnen an:

Mit allen Sinnen

Unverkennbar, dass es sich hier um keine Naturlandschaft, sondern eine Kulturlandschaft – also einen Garten, einen Park, sprich: etwas von Menschenhand Erschaffenes – handelt. Blühende Landschaften, die diese Bezeichnung ausnahmsweise einmal wirklich verdient haben.

Denken wir dabei zurück an den Magier. Eine seiner Botschaften lautete: Wie oben, so unten. Wenn die Herrscherin dir also das Ergebnis deiner Bemühungen zeigt (die reale Form), so gibt sie dir damit gleichzeitig jede Menge Hinweise, *wie* du dein Gedankenbild zu gestalten hast. Denn nur was du in dieses Bild, in diese Rohform einbaust, kann sich realisieren. In diesem Fall ist die Botschaft eindeutig: *Arbeite mit allen Sinnen.*

Auf dem Bild gibt es frisches Wasser zu trinken, sein Plätschern zu hören, den Duft von Bäumen und Blumen zu riechen, Farben zu schauen, weiche Kissen zu spüren. Was das für die Magie bedeutet, will ich an einem Beispiel erklären:

Angenommen, du wünschst dir eine neue Beziehung. Also versuchst du, deinen Partner im Geiste an deiner Seite zu sehen. Aber das reicht nicht. Frage dich auch: Wie riecht er? Wie schmecken seine Küsse? Spüre deine

Hand in seiner. Höre sein Atmen neben dir im Schlaf. Das Wort „Vorstellungs*bilder*" suggeriert immer, unsere Rohformen wären rein optischer Natur. Doch nicht nur unsere Augen hungern, sondern auch der Mund, die Nase, das Ohr. Magie funktioniert am besten dann, wenn alle Sinnesorgane auf ihre Kosten kommen.

Kulturen und Monokulturen

Ich weiß nicht, was dir auf diesem Bild als erstes ins Auge sticht – bei mir ist es der kleine Bach am rechten Bildrand. Und das, obwohl er gemäß traditionellem Standard farblich ganz und gar nicht zu seiner Umgebung passt – Blau und Grün „beißen sich", heißt es immer. Und die Farbe sticht tatsächlich heraus, allerdings – wie ich finde – auf angenehme Weise. Dieses kleine Gewässer scheint tatsächlich als Blickfang dieses Kartenbilds gedacht zu sein.

Kein Wunder – seine Botschaft ist eine wichtige: Was in Karte II aus dem Urmeer geschöpft wurde, hat sich jetzt als eigenes Gewässer verselbständigt. Wir haben der großen Quelle etwas abgezapft, das sich nun sprudelnd in unser subjektives Leben ergießt. Dieses Wasser ist es, das alle Pflanzen auf diesem Bild mit frischer Nahrung versorgt: Den blonden Weizen am Fuß der Karte, aber auch den Wald im Hintergrund. Anders gesagt: Unser Leben erblüht, weil wir das Potenzial genutzt haben, das jedem zur Verfügung steht, der weiß, wie er es für sich nutzen kann.

Bei genauerer Betrachtung des Waldes stellen wir fest, dass in ihm sowohl Nadel- als auch Laubbäume wachsen – Mischkultur also, denn der Fülle des Lebens entspringt keine Monokultur, nur in unserer Gesellschaft gilt sie seit einiger Zeit als Zeichen von Perfektion. Als Beispiel möchte ich den Bereich der Erotik anführen: Dort wird uns seit einigen Jahren scheinbare Vollkommenheit vorgeführt am Beispiel immer ausgezehrter wirkender Frauen sowie Männern, deren künstlich aufgeblasene Muskeln sie einander ähneln lässt wie Klons aus dem Labor – und nicht mal die Verschiedenartigkeit ihrer Gesichter macht sie unterscheidbar, da sie nur auf verschiedenartige Weise langweilig sind. Das ist *Monokultur*.

Was die *Herrscherin* dir schenkt, ist von anderer Art, denn es stammt aus einer Werkstatt, in der es keine Geräte zum Zeichnen rechter Winkel und keine Desinfektionsmittel gibt. Es sind Dinge, die du dir nicht kaufen kannst. Selbst eine schnelle Nummer mit einem Sexpartner hat eine andere Qualität, wenn du ihn aus einer Kneipe abschleppst anstatt ihn im Puff mit teurem Geld zu bezahlen.

Die Kultivierung der Landschaft bedeutet also nicht Synthetik, sondern Ästhetik. Jedes erfolgreiche Unterfangen in deinem Leben ist eine Art Kunstwerk. Alle Komponenten, die ein solches Kunstwerk auszeichnen, sind darin enthalten. Es geht – wie wir im nächsten Abschnitt sehen werden – um *Ganzheit*.

Das Diadem

Zählst du die Sterne im Diadem der Herrscherin, kommst du auf zwölf. Die Zwölf wurde – neben der Drei, der Sieben (und in modernen Zeiten auch der 23) – schon immer als eine Art magische Zahl gehandelt. Im Schrifttum und der Kunst wurde die Zwölf immer dann bemüht, wenn man Vollständigkeit bzw. Ganzheitlichkeit zum Ausdruck bringen wollte.

Hier symbolisieren die zwölf Sterne die Geschlossenheit des Tierkreises und wollen dir sagen: Dein Leben ist erst dann eine komplette Einheit, wenn jedes dieser zwölf Prinzipien in irgendeinem Lebensbereich verwirklicht wird. Die meisten Menschen haben keine Ahnung von Astrologie und wissen bestenfalls, dass sie ein „Schütze" oder ein „Skorpion" sind. Wer sein Geburtshoroskop eingehender studiert, der erfährt, dass es zwölf Häuser (Lebensbereiche) umfasst, deren jedes von einem der zwölf Tierkreiszeichen beherrscht wird und überdies auch noch einen der zehn (bzw. zwölf) Planeten[6] enthalten kann. Das heißt: Der gesamte Tierkreis ist in uns gespeichert, und im Laufe des Lebens werden wir immer wieder mit dem einen oder anderen Prinzip konfrontiert.

Nicht nur in deinem Charakter, sondern in allem, was da ist, sind die zwölf Prinzipien (mit unterschiedlicher Gewichtung) enthalten – in jeder Tomate, jeder Zwiebel, und auch in deinem Lebenslauf. Du wirst Widder-Phasen erleben (in denen es stürmisch zugeht und ein Konflikt den anderen ablöst), aber auch Waage-Phasen (Zeiten der Harmonie, des Verliebtseins und der Romantik); Skorpion-Zeiten (die dazu dienen, dich mit deinen verborgenen Seiten vertraut zu machen) und Steinbock-Zeiten (in denen du nicht selten das Gefühl hast, die Welt möchte dich gängeln und gewaltsam disziplinieren).

---

[6] Es gibt in der Astrologie zwölf Tierkreiszeichen, aber nur zehn Planeten, wobei allerdings Merkur und Venus jeweils zwei Zeichen beherrschen und dabei ganz verschiedene Ausdrucksformen haben, wodurch das System wieder zu einer „runden Sache" wird.

Wenn die Herrscherin uns also die Welt der Ideen-Verkörperungen und Formen zeigt, enthüllt sie gleichzeitig, aus welchen Bausteinen sie besteht, das heißt: bestehen *muss*. Falls du dein Wissen über astrologische Prinzipien vertiefen willst, empfehle ich dir Martina Döhrings Buch *Die Grundlagen der esoterischen Astrologie*.[7]

Venus + Venus = Venus

Da das Zeichen der Venus groß auf einer Art herzförmigem Schild präsentiert wird, lässt sich vermuten, dass dieses Planetenprinzip auf dieser Karte besonders betont werden soll.

Dazu muss man wissen, dass es in der Astrologie eigentlich zwei verschiedene Venus(se) gibt: Die Stier-Venus und die Waage-Venus. Die Stier-Venus steht für Sicherheit, Besitz, Vermögen, bildlich gesprochen: für die reich gefüllte Kornkammer. Als Symbol dafür findet sich auf Karte III das Ährenfeld im Bildvordergrund. Es spricht von einer Zeit der Fülle, in der das Ackerland seine Schätze hervorbringt. Du hast es als Magier in der Hand, dein Leben so zu gestalten, dass du immer genug hast und dein Leben von Überfluss geprägt ist. Die blaue Quelle am Bildrand, geschöpft aus dem Meer der Unendlichkeit, wird den Boden bewässern und Zeiten der Dürre nicht zulassen.

Die Waage-Venus hat eine andere Qualität – und wird auf dieser Karte symbolisiert durch den Schmuck der Herrscherin, die luxuriösen Kissen, auf denen sie ruht, die Anmut, die von ihr ausgeht. Die Waage-Venus steht u. a. für Kunst, Kultur, Harmonie, Gestaltung.

Venus lässt sich also deuten als *Fülle in Harmonie*.

Die Kissen als Pufferzonen

Die Kissen spielen in Bezug auf die Waage-Venus eine gewichtige Rolle. Bäume sind Natur, Ähren sind Natur, Wasser ist Natur – und dennoch befindet sich die Herrscherin nicht in direkter Tuchfühlung mit jenem Urzustand. Wir erwähnten bereits, dass es sich hier um eine kultivierte, also bestellte Landschaft handelt – die Kissen unterstreichen dies. Sie bilden einen Puffer zwischen Mensch und Natur.

Die Natur ist – entgegen allen Wunschträumen – grausam und konsequent. Allein den Gesetzen der Natur zu unterliegen hieße den Zustand des Tiers

---

[7] Erschienen 2003 bei Edition Esoterick.

einzunehmen – das auf der Strecke bleibt, wenn es zu schwach ist, und das andere frisst, aber auch gefressen wird. Die Natur hat keine Zeit für Gefühle – sie ist beschäftigt mit Wachstum, Fortentwicklung und natürlicher Auslese.

Magier umgehen diese Reglements. Bei ihnen fügen sich die Dinge, und wo eigentlich das Gesetz des Dschungels in Kraft treten müsste, legen sie eine elegante Kurve hin – gestützt durch ihre Willenskraft und ihre Fähigkeit zur Gestaltung. Das sind jene Kissen, deren Zweck es ist, uns den harten Fels, die stacheligen Ähren, die Parasiten des Bodens vom Leib zu halten. Der Darwinismus der Natur trifft all jene, die sich die gröbste Ausdrucksform des Daseins erwählt haben. Der Magier hingegen schafft es, „viel für wenig" zu bekommen oder gewohnheitsmäßig auf die Pfoten zu fallen.

Wenn wir diese Lektion gelernt haben, sind wir tatsächlich zu Herrscher(inne)n unserer Welt geworden – und es fällt uns nicht schwer, das Zepter hochzuhalten. Unser ganzes Leben ist ein Akt der Fruchtbarkeit, und der Mantel, den wir tragen, hat sich den Granatapfel als Hauptsymbol redlich verdient.

Viele Tarot-Interpreten sehen in der Herrscherin eine werdende Mutter. So sind auch wir ständig werdende Mütter (oder Väter) unserer eigenen Welten; und *nach* der Geburt ist – frei nach Sepp Herberger – *vor* der Geburt.

Ein Geheimnis

Wir dürfen mutmaßen, dass es sich bei der „Hohepriesterin" und der „Herrscherin" um ein und dieselbe Frau handelt. Doch sie hat einen Quantensprung vollzogen – den von der Unberührten zur Gebärenden, von der Jungfrau zur Mutter, was sich auch deutlich in ihren Gesichtszügen widerspiegelt. Dazu fällt mir eine sehr weltliche Parallele ein:

Wenn Menschen Sex haben oder allgemein Liebe in ihrem Leben erfahren, werden ihre Züge oftmals weicher. Und weiche Züge sind für potentielle Bettgenossen natürlich anziehender.

Das beste Heilmittel für einen Mangel an Sex ist also Sex.

Und das entspannte Lächeln des Menschen, der einmal im Leben geerntet hat, wird von der Natur stets aufs Neue erwidert werden.

1. Als Magier musst du mit allen Sinnen arbeiten. Erschaffe dir also nicht nur optische, sondern z. B. auch akustische, olfaktorische oder haptische „Bilder".
2. Die Natur sorgt stets für Vielfalt – auch in deinem Leben. Monokultur ist eine Kreation des Menschen.
3. Der astrologische Tierkreis symbolisiert die zwölf Komponenten bzw. Grundprinzipien des Lebens. Es handelt sich um archetypische Aspekte, die jeder Erscheinungsform der Realität innewohnen.
4. Karte III wird beherrscht vom Venus-Prinzip – das sich in Kombination seiner beiden Aspekte als *Fülle in Harmonie* interpretieren lässt.
5. Gestaltung bedeutet auch, nicht mehr den rauen Gesetzen des Dschungels zu unterliegen. Als Gestalter seiner Welt ist der Magier oft auf „ungerechte Weise" erfolgreich.
6. Wer auch nur einmal erfolgreich war, dessen Chancen steigen immens. Du kannst jahrelang ein Suchender sein – dein erster „Fund" wird den zweiten unmittelbar nach sich ziehen.

Lektion 4 - Der Reality-Faktor

In diesem Buch – du hast es längst bemerkt – geht es nicht um übernatürliche Phänomene, sondern um *Naturgesetze*, die möglicherweise noch nicht kodifiziert wurden, von denen wir aber täglich spüren, dass sie gültig sind. Leider verlieren viele, die sich mit okkulten Dingen beschäftigen, nach einiger Zeit ihre Bodenhaftung und werden zu Phantasten. Dem lässt sich vorbeugen.

Der HERRSCHER

Und das ist auch die Botschaft von Karte IV, dem Herrscher: *Bleib auf dem Teppich.*

Ich weiß nicht mehr, ob es bei Lovecraft war oder bei Poe, wo ich die Geschichte von dem Studenten las, der seine Tage und Nächte allein in einem Spukschloss verbringen musste. Und alles, was er tat, um mit dieser emotionalen Extremsituation klarzukommen, war: Er nahm seine Mathebücher mit.

Solange du dich mit dem Satz von Pythagoras auseinandersetzt, ist es viel schwerer, an Geister zu glauben. Und das gilt für alle exakten Wissenschaften. Sobald du das Gefühl hast, dass die Grenzen zwischen den Welten zu verschwimmen drohen, oder wenn dich Panik überkommt, schnapp dir einfach ein Lehrbuch der Physik oder Chemie und beschäftige dich damit.

Es ist wichtig, im Leben stets ein paar „ganz reale" Dinge zu haben – die nicht nur gegen die Angst helfen, sondern auch gegen Trauer, Liebeskummer usw.

Ich kannte eine Berliner Putzfrau, in deren etwas abgelegenem Haus am Waldrand es zu seltsamen Spukerscheinungen kam: Manchmal vernahm man dort zu Mitternacht das Weinen eines kleinen Mädchens, und tagsüber verschwanden Gegenstände auf rätselhafte Weise. Aber diese Frau war so sehr Putzfrau, dass sie sich ihren eigenen Reim auf die Dinge machte: „Ick weeß nich, wat für'n Jör det is, wat da jede Nacht flennt, aber der ihren Eltern würd ick tüchtig den Kopf waschen, wenn ich se ma treffen tät. Und wat die verschwundenen Sachen betrifft, so muss ick mir vom Doktor eenfach ma wat für die kleenen jrauen Zellen verschreiben lassen."

Sorge in deinem Leben also immer für Bodenhaftung. Heb nicht ab. Zumindest dann nicht, wenn du zum Abheben zu schwer bist.

Löcher stopfen

Wenden wir uns dem Bild des Herrschers zu. Interpretiert man ihn als Gemahl der Herrscherin, die wir ja bereits kennen, so lässt sich ein Zustand mutmaßen, der viele Ehen und Beziehungen kennzeichnet: Eine sinnenfrohe und hübsche Frau kommt plötzlich mit einem recht eindimensional wirkenden Macho daher; oder ein hübscher und lebenslustiger Mann heiratet eine schmallippige Nörglerin (wir sollten die Geschlechter auf den Karten nicht so eng interpretieren).

Tatsächlich holen sich viele von uns über ihren Partner das „fehlende Prinzip" ins Leben. Kleine, schmalbrüstige Männer, denen es schon biologisch an den Voraussetzungen mangelt, je zum Kerl zu werden, warten daher oft mit Frauen auf, die mit ihrem gewaltigen Korpus und ihrer energischen Stimme wie ein „Fels in der Brandung" sind. Und die unbeholfene Tusse liebt den leicht reizbaren Motoren-Freak, der sich im wahrsten Sinne des Wortes für sie durchs Leben „schlägt". Mag der Anblick solcher Paare uns auch befremden, aus höherer Sicht geht ihre Liaison völlig in Ordnung.

Der Herrscher ist das Gegenstück zur Herrscherin, die sowohl junge Frau als auch werdende Mutter verkörpert. In der Astrologie wird – wie wir bereits wissen – die Frau samt ihren Reizen durch die Venus verkörpert, also durch das Waage-Prinzip. Was nun das Bild der Mutter anbetrifft, so spiegelt es sich im Krebs-Prinzip. Waage und Krebs sind also die beiden urweiblichen Zeichen.

Wenn wir uns nun darüber schlau machen, welche Tierkreisqualitäten diesen beiden Zeichen genau *gegenüberliegen* (also ihren Gegenpol bilden), so gelangen wir zu Widder und Steinbock. Und exakt eine Mischung aus diesen beiden (typisch männlichen) Qualitäten ist es, die sich im Bild des Herrschers widerspiegelt.

Mars und Saturn

Die meisten Tarot-Bücher meinen, sich beim Herrscher für eine der beiden Ausprägungen entscheiden zu müssen – aber das wird ihm nicht gerecht. Wohin wir auch blicken – mal stoßen wir auf Widder (Mars), mal auf Steinbock (Saturn). Welches Prinzip verkörpert diese Karte nun? Die Antwort ist nicht so einfach, da man ein System nicht eins zu eins auf ein anderes übertragen kann, also auch den Tarot nicht auf die Astrologie. Der Herrscher zeigt uns männliche Stärke, Härte und Disziplin – bei ihm verschmelzen die beiden astrologischen Prinzipien zu etwas Neuem, ebenfalls in sich Geschlossenem.

Nehmen wir etwa das sogenannte Ankh-Kreuz, das die Figur in ihrer rechten Hand hält. Eindeutig ein Phallus-Symbol mit Eichel, zurückgeschobener Vorhaut und Penisschaft. Ein erigiertes Glied – also Mars.

In seiner rechten Hand hingegen hält der Herrscher den Reichsapfel – und der ist ein traditionelles Königssymbol, also etwas Überliefertes, Altehrwürdiges, das von Generation zu Generation weitergegeben wird, um „Herrscher" zu statuieren. Zweifellos Saturn.

Der rote Mantel wiederum ist ein Mars-Symbol. Rot ist die Farbe des Widders; das männlich-Stürmische, Impulsive kommt darin zum Ausdruck. Demgegenüber steht die eiserne Rüstung des Herrschers, von der wir als Betrachter vor allem die Schuhe sehen. Während also der Mars Beweglichkeit und Kampfkraft verkörpert, stoßen wir hier auf ein Symbol der Bewegungs*einschränkung*. Es ist schon schwer genug, in klobigen Turnschuhen herumzulaufen – in Eisenschuhen möchte ich es mir gar nicht vorstellen. Also erneut die Unflexibilität und Starre des Saturn (Steinbock). Dann wiederum sehen wir, dass diese Eisenschuhe auffallend spitz zulaufen – in die Rippen getroffen werden möchte man davon nicht. Ein in den Saturn eingebauter Mars (Widder).

Sehen wir uns als nächstes den Bart des Herrschers an. Bärte sind eigentlich Ausdruck von Männlichkeit; ein starker Bartwuchs deutet auf eine gehörige Prise Testosteron hin. Das wäre Mars. Andererseits ist dieser Bart schlohweiß – die 68-er sprachen gern von den „alten Bärten", wenn sie die Tradition ihrer Eltern kritisierten. Und manchmal heißt es auch, ein abgegriffener Witz, den kein Mensch mehr lustig findet, habe „einen ellenlangen Bart". Dies wiederum wäre der Bart des Saturn – der auf Alter, Tradition und gelegentlich auch auf Überkommenes hinweist.

Auch der Thron, auf dem der Herrscher sitzt, ist eine Betrachtung wert: Ein grobes Steingebilde, nur notdürftig behauen, also Ver-Steinerung im Sinne des Saturn. Zum Ausgleich finden sich an den Ecken vier Widderköpfe – Symbole des stürmischen Mars-Prinzips.

Das Gebirge im Hintergrund ist ein Saturn-Symbol, durch die feurige Farbgebung allerdings marsisch verfremdet. Und auch wenn der Himmel auf dem Bild orange ist (eine feurige Marsfarbe), ist er dennoch nicht homogen, sondern verrät durch die senkrechten Striche etwas von der Struktur des Saturn. Eine durch und durch bipolare Karte also.

Von Machern und Lachnummern

Wie lassen sich Mars- und Saturn-Prinzip auf einen gemeinsamen Nenner bringen? Und was hat das alles mit Magie zu tun?

Es gibt eine Eigenschaft, die fast alle großen Persönlichkeiten dieser Welt auszeichnet. Sie war ihr Erfolgsrezept, die geheime Formel, die ihnen den Weg zum Erfolg ebnete. Ohne sie hätte es keiner von ihnen sehr weit gebracht. Ich spreche von *Disziplin*.

Leider steht die Disziplin inzwischen auf der roten Liste der aussterbenden Charaktereigenschaften. Man arbeite sich nur einmal durch einige der vielen Internet-Seiten. Auf den meisten davon wird gepfuscht, was das Zeug hält; da wird die deutsche Sprache nicht nur vergewaltigt, sondern brutal zu Tode gepimpert; da stehen Halbsätze und (oftmals lebensgefährliche) Halb-Weisheiten; da ist längst ein ganzer Kosmos aus Dilettantismus und Legasthenie entstanden, so dass man mit Fug und Recht behaupten kann, dort und nirgendwo anders befinde sich der geistig-intellektuelle Abyssos des 21. Jahrhunderts.

Leider greift diese Mode auch auf den nicht-virtuellen Alltag über. Ein Beispiel: Als Schriftsteller bekomme ich ab und zu Manuskripte von Nachwuchs-Autoren. Und da ich selbst mal ein Nachwuchs-Autor war, gucke ich meistens mal rein – es könnte ja ein großes Genie verloren gehen. Was ich aber kriege, sind: Anschreiben mit zehn Kommafehlern pro Absatz; Texte, in denen es von orthografischen Schnitzern nur so wimmelt; und als fette Krönung des Ganzen: Leute, die nicht mal meinen Namen richtig schreiben. Pfusch und immer wieder Pfusch.

Und diese Mode setzt sich überall durch. Keiner macht mehr was zu Ende oder macht es vernünftig. Überall nur Stückwerk, unausgegoren und hingeschludert. Und die Erklärung liegt auf der Hand: Es mangelt den meisten Menschen einfach an Disziplin.

Vor diesem Zustand will die Karte des Herrschers uns warnen.

Wir befinden uns hier auf dem Terrain der „Lower Magic", also der niederen Magie, und ihr Gesetz lautet: Egal, was du im Leben planst, ohne Disziplin wirst du es nicht schaffen. Du *musst* einfach ab und zu deinen Schreibtisch aufräumen. Du *musst* dir ab und zu einfach einen schriftlichen Plan erstellen, der dir verrät, wie es weitergeht. Du *musst* dir ab und zu einfach selbst in den Hintern treten und sagen: Von vier bis acht Uhr wird malocht.

Nun gibt es eine Menge Leute, die sagen: Ich habe einen unmöglichen Chef, der mich den ganzen Tag nur unterdrückt. Oder: Ich habe einen Partner, der zu mir sagt: Tu dies nicht, und tu das nicht, sonst gibt es Zoff. Disziplinierung auf der ganzen Linie also. Und des Rätsels Lösung ist völlig offenkundig.

Was ich selbst an Disziplin nicht aufbringe, das schickt mir die Natur freundlicherweise von außen. Ein Beispiel: Du bist einer von denen, die mit Geld nicht umgehen können, und bei denen am Ende des Gehalts immer noch jede Menge Monat übrig ist. Lernst du nun eine Frau kennen, die ähnlich tickt, werdet ihr beide hoffnungslos verlottern. Das weiß dein Unterbewusstsein und wird sich darum bemühen, eine andere Art Frau in dein Leben zu ziehen. Eine extrem geizige Person vielleicht, auf jeden Fall aber eine geschickte Buchhalterin, die den Gegenpol bildet zu deinem lässigen Umgang mit Finanzen.

Thorwald Dethlefsen schildert in seinem Buch „Schicksal als Chance" ein recht gutes Beispiel für dieses Phänomen: Dein Leben verlangt eines Tages von dir, dass du dich für eine Weile zurückziehst. Du aber liebst Partys, die große Sause, High Life. Dann brichst du dir „unversehens" das Bein, kommst ins Krankenhaus, und erlebst den Rückzug, den du freiwillig nicht annehmen wolltest, als vermeintliches „Schicksal". Liegst in einem kahlen Hospitalzimmer, starrst an die Wand – und kannst endlich verarbeiten anstatt immer nur zu erleben.

Der Vorgesetzte, den du hast, lässt grundsätzlich Rückschlüsse auf dein eigenes Maß an Disziplin zu. Hast du keine, wird er autoritär sein, und umgekehrt. Und bei einem ausreichenden Maß an Disziplin erlaubt es das Schicksal dir sogar, dein eigener Chef zu werden. Doch dafür musst du deinem inneren Schweinehund schon mächtig die Hölle heiß machen.

Power

Was nun den zweiten Aspekt des Herrschers betrifft – die Widder-Energie – so wirst du damit ganz ähnliche Erfahrungen machen.

In den letzten Jahren – ich erwähnte es bereits – hat sich in der Jugendsprache der Begriff „Opfer" durchgesetzt – ein Wort, das mir wenig behagt, da es meist aus dem Mund von Leuten kommt, die nur etwas großmäuligere „Opfer" ihres eigenen Lebens sind.

Dennoch besteht kein Zweifel: So etwas wie „Opfer" gibt es. Es sind Menschen, die bestimmte Energien nur in der Passivrolle erleben – und bezogen auf das Mars-Prinzip diejenigen, die immer wieder Prügel beziehen anstatt sie (notfalls) auszuteilen.

Ein Alltagsbeispiel: In jeder Schulklasse gibt es Typen, auf denen „herumgehackt" wird. Die Mentalität des Hühnerhofes hat sich auch auf dem Evolutionsweg zum Homo sapiens nicht verloren. Und viele der Schüler, auf denen herumgehackt wird, haben es definitiv nicht verdient. Doch je duldsamer und getreu ihrer „untergeordneten Rolle" sie reagieren, umso schlimmer werden die Dinge sich entwickeln. Und daran wird sich auch im Erwachsenenalter nichts ändern: In jedem Büro, jeder Firma gibt es die großen Macker und die kleinen Kriecher.

Die einzig wirksame Therapie besteht darin, irgendwann den Spieß umzudrehen und die Fäuste spielen zu lassen – im wörtlichen wie auch sprichwörtlichen Sinne. Nichts wirkt so überraschend und entwaffnend wie ein stiller Typ, der plötzlich nicht zögert, an seine Grenzen zu gehen. Kann sein, dass er ein paar Schrammen davonträgt – aber es wird ihm nie mehr passieren, dass man ihn gängelt.

Zögere also nicht, nach Vorbild des Herrschers ab und zu einen feurig glühenden Himmel zuzulassen. Sieh dir seine vom Eifer geröteten Wangen an, und sieh das Zeichen des Widders im linken Schulterbereich seines Gewandes – diesmal Rot auf Schwarz, das ist Saturn-Mars. Es sagt dir: Wenn dir jemand Steine auf den Weg legt (Saturn), tritt sie weg (Mars). Wenn du niemals Rot siehst (eine schöne Metapher für: *Mars in deinem Leben zulassen*), dann werden andere für die notwendige Portion Rot in deinem Leben sorgen. Und die kann im ungünstigsten Fall aus *deinem* Blut bestehen.

Zusammenfassung

1. Sorge für Bodenhaftung in deinem Leben. Die nüchternen Dinge der sogenannten Realität sind von heilsamer Wirkung.
2. Waage und Krebs sind die urtypischen weiblichen Prinzipien im Tierkreis – ihnen gegenüber (als Gegenpole) liegen Widder und Steinbock als urtypisch männliche Zeichen.
3. Willenskraft und Disziplin als (aus astrologischer Sicht) typisch männliche Eigenschaften sind Voraussetzungen dafür, dass eine Unternehmung nicht auf der Ebene der großen Ankündigungen verbleibt, sondern zu realen Ergebnissen führt.
4. Was du an Disziplin nicht selbst aufbringst, tritt gegebenenfalls als strenger Chef, dominanter Ehepartner oder sonstiges Glied der Saturn-Prinzipienkette in dein Leben.
5. Das gleiche gilt für die Mars-Energien. Wenn Mars eine Ohrfeige bedeutet, kannst du sie entweder bekommen oder austeilen. Den großen Schicksalsfritze in deinem Unterbewusstsein interessiert das nicht.
6. Was du auf passiver Ebene vermeiden willst, musst du auf aktiver Ebene ausleben.

Lektion 5 - Das Religions-Gen

Studien zeigen, dass der Mensch sich über die Jahrtausende nicht nur deshalb die verschiedensten Gottvorstellungen und religiösen Dogmen erdachte, um eine scheinbare Erklärung für den Lauf der Welt zu finden, sondern auch, weil er es dringend für seine psychische Gesundheit braucht – es ist genetisch verankert.

Der HIEROPHANT

Der amerikanische Neurologe Andrew Newberg fand heraus, dass religiöse Empfindungen im Schläfenlappen unseres Gehirns lokalisiert sind. Eine „Deaktivierung des Orientierungsfeldes im posterioren superioren Parietallappen" sei verantwortlich für Gefühle der Verzückung und des Verschmelzens mit dem „großen Ganzen", wie Mystiker sie oftmals beschreiben. Die Beschäftigung von Neurowissenschaftlern mit Religion und Glauben hat sich inzwischen zu einem eigenen Wissenszweig gemausert, der sich *Neurotheologie* nennt.

Je nach seiner intellektuellen Begabung strebt also jeder Einzelne entweder nach Frömmigkeit, mystischer Versenkung oder zumindest nach Sinnhaftigkeit. Wir verknüpfen die Szenen unseres Lebens zu Fügungen; wir wollen nicht hinnehmen, dass irgendetwas sich „rein zufällig" ereignet. Die Suche nach dieser Sinnhaftigkeit bildet den Kern aller Religionen, und auch der Beschäftigung mit dem „Okkulten" (also: Verborgenen) oder „Esoterik" (also: dem „Inneren" im Gegensatz zum Exoterischen [Äußeren] der Dinge) liegt jenes Bedürfnis nach einer Erklärbarkeit der Welt zu Grunde, ohne die wir anscheinend nicht leben können.

Dies ist das Thema der Karte „Der Hierophant".

Hierophanten sind die Verwalter heiliger Dinge; da ich mich mit dem Begriff „heilig" jedoch schwer tue, will ich ihn lieber durch das Wort „Mysterien" ersetzen. Es würde von einer schweren Hybris zeugen, würden wir den aktuellen Stand der Wissenschaft zum jeweiligen Maßstab machen – genau das taten die Typen, die Giordano Bruno vor 400 Jahren auf dem Scheiterhaufen verbrannten. Hinter jedem Wissen steckt ein noch feiner gesponneres Wissen, und jede Religion ist nur ein schwacher Erklärungsversuch. Trotzdem gibt es Dinge, die zumindest den esoterischen

Richtungen der verschiedenen Religionen gemeinsam sind. Was also den Christen ihre Gnosis, ist den Moslems ihr Sufismus. Mysterien – das Wissen um die verborgenen Dinge – sind ihrem Wesen nach religions- und konfessionsunabhängig.

Dieses allen Religionen gemeinsame Wissen ist es, das vom Hierophanten verwaltet und gedeutet wird. In älteren Spielen hieß diese Karte oft noch „Der Papst", was natürlich ein Fauxpas ist. Auch wenn der Stab, den die Figur in ihrer rechten Hand hält, dem Hirtenstab des „Pontifex Maximus" ähnelt und viele weitere Attribute sich christlich interpretieren ließen, befindet der Hierophant sich trotzdem *jenseits* aller Religionen – nämlich dort, wo es nicht mehr um Lehrmeinungen geht, sondern um *Erkenntnis*. Er kennt die „Weltformel", die da lautet: Wie oben, so unten – und erklärt sie den Suchenden auf seine spezielle Weise. Egal, in welcher Religion oder welchem System du fündig zu werden versuchst – die Quintessenz bleibt stets die gleiche. Wenn es z. B. um Magie, also die Veränderung von Realitäten geht, hat Jesus nichts wesentlich anderes gepredigt als 2.000 Jahre später Anton LaVey.[8]

Dreiheit

Die Karte wirkt fast wie ein etwas konkreteres Bild aus einem Rorschach-Test. Das heißt: Es ist vertikal symmetrisch, die linke und die rechte Hälfte entsprechen einander in zahlreichen Details. Die wenigen Unterschiede allerdings liefern den Schlüssel zum Verständnis des Bildes.

Sehen wir uns die Figur im Zentrum an – den Hierophanten selbst. Sein Gewand ist rot und weiß – in der katholischen Liturgie sind das die Farben, die bei sogenannten „Hochämtern" – wie z. B. der Oster- oder Pfingstmesse – den Talar des Priesters schmücken. Es geht hier also um eine feierliche Zeremonie. Mit den beiden Männern, die vor dem Thron des Hierophanten stehen, geschieht etwas: Sie erhalten gerade eine Einweihung. Nach dieser Einweihung werden sie nicht mehr dieselben sein wie zuvor.

Auf der weißen Borte am Gewand des Hierophanten sehen wir drei Kreuze. Wofür das Kreuzzeichen steht, wissen wir ja inzwischen: Vereinigung von Oben und Unten. Dass es hier dreimal erscheint, mag christliche Ursachen

---

[8] Diese „magische Seite" des Nazareners, die sich vor allem im Thomas-Evangelium, aber auch an vielen Stellen bei Johannes und den Kanonikern zeigt, wurde von der Kirche leider unter den Teppich gekehrt. Dem Klerus sagten die Kitschgeschichten für schlichte Gemüter mehr zu.

haben und Bezug auf die Trinität (Dreifaltigkeit) nehmen. Diese Dreiheit lässt sich aber auch anders interpretieren: Zwischen Oben (dem Göttlichen) und Unten (dem Irdischen), also zwischen Ideen- und Formenwelt, muss es ein Bindeglied geben, das den Kontakt zur großen Schicksalswerkstatt erst ermöglicht – nämlich die Fähigkeit zur Bildgestaltung. Bei den Hunas z. B. ist es das „niedere Selbst", das den Kontakt ermöglicht – eine Art dienstbarer Geist, den man mit verschiedenen Dingen beauftragt, weil man zum „Höheren Selbst" so ohne weiteres nicht gelangen kann. Gemäß Huna-Tradition ist es erlaubt, das niedere Selbst „Sam" oder „Tom" zu nennen und als eine Art Lakaien zur Kommunikation mit dem Höheren Selbst zu verwenden. Auch diese Option ist auf Karte V abgebildet: Sehen wir genau hin, finden wir ein weiteres Kreuzpaar auf den Schuhen des Hierophanten.

Zweiheit

Unübersehbar ist, dass viele Dinge auf dieser Karte in doppelter Ausführung erscheinen: Zwei Säulen, zwei fast identisch aussehende Novizen, zwei Schlüssel zu Füßen des Hierophanten – du wirst vielleicht noch mehr entdecken. Beschäftigen wir uns inzwischen ein wenig mit dieser rätselhaften Zweiheit.

Wir sagten, der Hierophant verkündet nicht nur irgendeine Lehre, sondern *die* verborgene Lehre, die allen Religionen gemeinsam ist. Hat man das Geheimnis begriffen, kann man sofort beginnen, damit zu arbeiten. So wird es auch den beiden Novizen ergehen, die hier ihre Initiation empfangen. Warum aber sind es deren zwei? Wieso steht da nicht nur eine Person?

Hier gelangen wir an den Punkt, wo traditionellerweise zwischen „Weißer und Schwarzer Magie" unterschieden wird. Natürlich gibt es weder Weiße noch Schwarze Magie; Magie bedeutet Veränderung der Realität samt aller Kollateralschäden.

Sehen wir uns daher die Schlüssel an, die den beiden Novizen nach vollendeter Einweihung überreicht werden: Sie gleichen sich wie ein Ei dem anderen. Das Geheimnis ist also unteilbar und auch unveränderlich. Der eigentliche Unterschied findet sich in der *Kleidung* der beiden Gestalten. Links sehen wir die Rosen, die wir in Lektion 1 als den eigenen Willen, die *Liebe* zu einer Sache identifiziert haben; rechts die Reinheit der Lilien, die eher als Frömmigkeit und Neutralität zu interpretieren ist. Doch nirgendwo ist ein vernichtender Blitz, der den Novizen mit dem Rosengewand trifft. Nirgendwo findet sich ein Warnschild, auf dem steht, dass einer der beiden

Wege besser oder schlechter ist. Die beiden Säulen sind identisch. Die Schlüssel sind identisch. Die Tonsuren der beiden Novizen sind identisch. Der „rote" Weg des eigenen Willens wird ebenso wertfrei betrachtet wie der „weiße" Weg der Tradition. Jeder wählt für sich selbst.

Wenn du das Geheimnis der Magie verstanden hast, kannst du mit dieser Magie anstellen, was du willst: Aufbauen und zerstören. Heilen und verletzen. Liebe ebenso wie Hass Gestalt werden lassen. Es gibt niemanden, der da wertet – außer dir selbst.

Zusammenfassung

1. Die Sehnsucht nach Religion, sprich: einer Sinnhaftigkeit des Daseins ist in unseren Genen verankert.
2. Es gibt ein religiöses „Urwissen", das sich in den esoterischen Traditionen fast aller Religionen spiegelt. Dieses Wissen, frei von Dogmen und Lehrmeinungen, wird durch den Hierophanten repräsentiert.
3. In Sachen Magie und Realitätsveränderung sind sich die esoterischen Richtungen der meisten Religionen einig.
4. Es gibt keine verschiedenen Arten von Magie, sondern nur verschiedene Möglichkeiten, mit den ihr zu Grunde liegenden Gesetzen umzugehen.
5. Wer den „Schlüssel" in Händen hält, kann damit anstellen, was er will. Es gibt keine „oberste Stelle", die wertet.

Lektion 6 - Das Geheimnis der Liebe

Bei Befragungen freuen Klienten sich immer riesig, wenn sie diese Karte ziehen: Die Liebeskarte, hurra! Liebe, das ist doch immer etwas Feines. Und das Bild bestätigt es ja: Da sehen wir ein Männlein und ein Weiblein und einen guten Engel, der ihre Vereinigung segnet. Was braucht es mehr zum Glück? Doch so einfach ist es nicht mit dieser Karte. Der Rider-Waite-Tarot mit seinem Adam-und-Eva-Motiv bietet nämlich bereits eine subjektive, aber keineswegs verbindliche Interpretation des Themas. Auf vielen älteren Darstellungen sehen wir kein Pärchen, sondern einen Mann, der *zwischen* zwei Frauen steht – und da wird die Sache schon kniffliger.

Die LIEBENDEN

Steht man zwischen zwei Frauen, muss man sich *entscheiden*. In der Regel kann man nicht beide gleichzeitig haben. So wie auf dieser Welt – und das ist die Botschaft dieser Karte – eine ganze Menge Dinge nicht miteinander kompatibel sind.

Auch die beiden „Liebenden" auf dem Bild haben sich noch nicht füreinander entschieden. Ihre Hände sind auf der Suche, haben sich aber noch nicht gefunden. Und dass der Berg, der sie scheinbar trennt, Meilen entfernt ist, scheint ihnen nicht bewusst zu sein.

Was ist Liebe?

Liebe bedeutet, sich einer Sache oder Person *ganz* hinzugeben. Das hat nichts mit Selbstaufgabe zu tun; aber wenn wir jemanden lieben, würden wir für ihn – klischeehaft ausgedrückt – tatsächlich „durchs Feuer gehen", und wenn es darum ginge, ihn zu beschützen, oft sogar unser Leben oder unsere Unversehrtheit aufs Spiel setzen. Egal, mit welchen Drachen wir kämpfen müssen, dem geliebten Menschen werden wir stets Priorität einräumen.

Dass dieser bedingungslosen Liebe ein Akt der Entscheidung vorausgehen muss, ist klar. Wir sagen: Peter ist es, und sonst keiner. Lena ist es, und neben ihr werden alle Frauen dieser Welt verblassen. Und auch der Magier muss, wenn er erfolgreich sein will, verstehen: Es gibt Scheidewege im Leben, die einen billigen Kompromiss nicht zulassen.

Ein Beispiel: Du bekommst einen Job in Australien angeboten, der dich über kurz oder lang zum reichen Mann machen wird. Dieser Reichtum reizt dich natürlich. Aber du hast in Deutschland Frau und Kinder, die sich hier wohl fühlen und Freunde haben und keine Lust verspüren, ans andere Ende der Welt zu ziehen. Du musst dich also entscheiden: Schwarz oder Weiß, Nah oder Fern, Familie oder Job. Beides zusammen geht nicht. Eins davon zu wählen, heißt jedoch auch, das andere mit allen bitteren Konsequenzen über die Klinge springen zu lassen.

An solchen sich ausschließenden Wahlmöglichkeiten scheitern viele – auch in magischer Hinsicht. Du kannst dir vom Universum nicht wünschen, ein erfolgreicher Schauspieler zu werden, wenn du andererseits vorhast, ein stilles Leben in Beschaulichkeit zu führen, unbehelligt vom Zugriff anderer. Die Boulevardpresse wird dich hetzen, und so mancher Fan in den Besitz deiner Privatnummer gelangen. Die Frage lautet also: Popularität oder Rückzug? Mach dir klar, dass du dich, um überhaupt etwas zu bekommen, *entscheiden* musst.

Entscheidung heißt Liebe. Du wirst dich für das entscheiden, was du wirklich liebst. Liebe ist, wofür man bereit ist, alles andere zu opfern. Hat man es geopfert, zieht man einen dicken Strich darunter: Abgehakt und erledigt. Doch genau diesen Strich zu ziehen, bereitet Mühe: Viele schwanken monatelang zwischen verschiedenen Optionen hin und her, und egal wie sie sich letztlich entscheiden, sie bleiben unzufrieden. Das ist Unfähigkeit zur Liebe, sprich: Entscheidungsschwäche.

Sehen wir uns das Bild nun etwas genauer an.

Die beiden Bäume

Wie bereits erwähnt, handelt es sich bei den Gestalten im Rider-Waite nicht um *irgendein* Paar, sondern um die sogenannten Menscheneltern – Adam und Eva. Der „Sündenfall" muss sich bei jener Momentaufnahme bereits ereignet haben – denn die Schlange kriecht bereits auf dem Bauch (zuvor muss sie laut Bibel Beine gehabt und wie eine Art dicker Tausendfüßler ausgesehen haben). Evas Entscheidung – „Soll ich vom Baum der Erkenntnis essen oder nicht?" – ist also ebenso bereits gefallen wie die von Adam: „Soll ich dem Beispiel meines Weibes folgen oder nicht?" Beide haben anscheinend mit Ja geantwortet.

Bevor wir uns der nächsten Entscheidungsfrage zuwenden, die sich den beiden stellt – „Sollen wir nun auch noch vom Baum des Lebens essen?" – müssen wir uns kurz damit beschäftigen, was „vom Baum der Erkenntnis essen" eigentlich bedeutet.

Erneut sind wir an einem Punkt angelangt, zu dem in fast allen Religionen Übereinstimmung herrscht: In der griechischen Mythologie ist es eine Gestalt namens Prometheus, die den Göttern das Feuer stiehlt, um es den Menschen zu bringen. Durch die Übergabe dieses Feuers werden die Menschen gottähnlich, also eigenständig. In der christlichen Mythologie wird Prometheus durch die Schlange repräsentiert, die dem ersten Paar der Welt zuflüstert: „Wenn ihr von den Früchten dieses Baums esst, werdet ihr sein wie Gott." Und was den Griechen ihr Prometheus, war den Römern ihr Luzifer. Er klärte die Menschen über das Weltgeschehen auf und ebnete den Weg für die Erkenntnis, dass ihre selbsterschaffenen Gottgestalten überflüssig waren. Der Mensch war jetzt der Verwalter der Geheimnisse des Himmels und der Hölle. Kein Wunder, dass die Christen ihre Schlange mit dem Teufel identifizierten.

„Baum der Erkenntnis des Guten und Bösen" ist übrigens eine nur halbherzige Übersetzung des hebräischen Begriffs עץ הדעת טוב ורע (Ez hadda at tob wara), der so viel bedeutet wie „eine eigene Haltung zu den Dingen haben", „die Dinge selbst interpretieren können". So gesehen gelangten Adam und Eva erst durch den Genuss der Erkenntnisfrucht zu ihrer Vollständigkeit. Wer keine eigene Meinung hat, ist nur ein Spielzeug.

Nun aber: Der Baum des Lebens. Erneut geht es um eine *Entscheidung* aus vollem Herzen. Wer nicht weiß, was mit jenem Baum gemeint ist, sollte sich in der jüdischen Geheimlehre, der Kabbala, schlau machen. Dort finden wir den Baum des Lebens als eine Sigille mit der Bezeichnung „Otz Chi'im", und – egal, mit welch frommen Bekenntnissen moderne Kabbala-Lehrer ihre prominenten Anhänger wie z. B. Madonna zuzutexten versuchen – dieser Baum des Lebens ist ebenso wie der Tarot ein symbolisches Lehrbuch der Magie.

In meiner Erzählung „Das verlogene Paradies"[9] habe ich versucht, mich an jener Symbolik zu orientieren. Erst wissen die Menschen nicht, was sie wollen, und sind gerade deshalb glücklich; dann naschen sie vom Baum der Erkenntnis und verspüren plötzlich Sehnsüchte, Begierden, Wünsche; und

---

[9] Edition Esoterick, Siegburg, 2009.

nun stehen sie vor der Frage: Sollen wir vom Baum des Lebens essen (d. h. uns der Magie bedienen), um nicht nur wie Gott zu *sein*, sondern auch wie er zu *handeln*? In der Bibel kommen sie nicht mehr dazu: Der Engel mit dem Flammenschwert vertreibt sie aus Eden. Was sie aber nicht wissen: Die Schlange selbst war der in Ungnade gefallene Engel Satan und folgt ihnen auf die Erde, um ihnen die verbotenen Früchte eilends nachzuliefern. Der Erkenntnisbaum mit der Schlange findet sich auf dieser Karte zu Seiten Evas, der Lebensbaum steht hinter dem Rücken Adams. Und falls du nicht weißt, wie die traditionelle Glyphe des Lebensbaums aussieht, schlage bei Dion Fortune nach oder recherchiere im Internet. Du wirst auf folgende Darstellung stoßen:

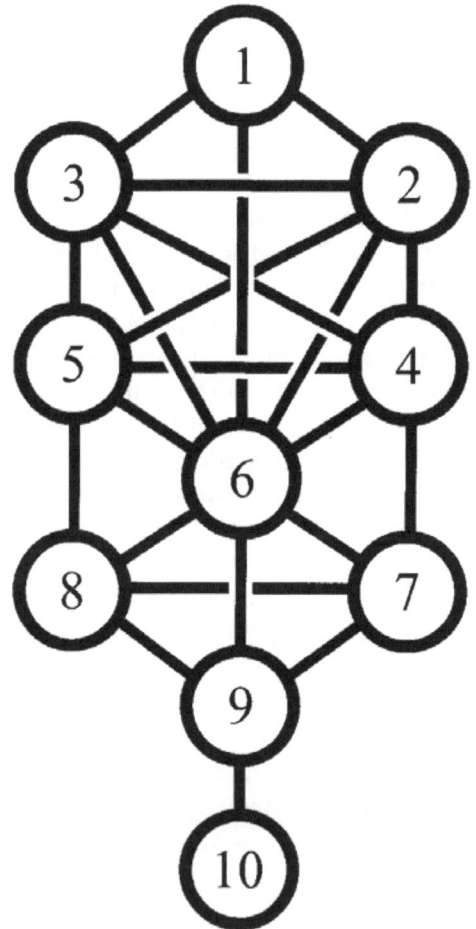

Die Namen der Sephiroth

1. Kether
2. Chokmah
3. Binah
4. Chesed
5. Geburah
6. Tiphareth
7. Netzach
8. Hod
9. Jesod
10. Malkuth

Die zehn kreisrunden Gebilde des Lebensbaums nennt man „Sephiroth" (Mehrzahl von „sephirah", d. h. Ziffer), und der Tradition nach handelt es sich um zehn verschiedene Erscheinungsformen des Einen Gottes. Um sie einzeln zu beschreiben, fehlt hier der Platz – es reicht zu erwähnen, dass *Kether* die *erste* Ausdrucksform des Göttlichen (des Kosmos, des Universums) ist, also noch Lichtjahre entfernt von unseren Sphären, während *Malkuth* die materielle Ebene – also unsere tägliche Wohnstatt – verkörpert. Dazwischen liegen weitere Welten der Archetypen und Symbole. Nun aber sehen wir, dass der Baum hinter Adam nicht zehn, sondern zwölf Blätter trägt. Es stellt sich also die Frage: Wo kommen die beiden zusätzlichen Sephiroth her?

Die Antwort ist einfach, aber trotzdem nur verständlich, wenn man ein wenig über jenen „Baum des Lebens" Bescheid weiß:

Erstens gibt es da eine verborgene Sephira, die „Daath" heißt und sich zwischen den oberen und mittleren Sphären befindet. Daath bedeutet „Wissen", womit wir genau wieder bei Luzifer-Prometheus (der Schlange) gelandet wären. Als Bindeglied zwischen Oben und Unten braucht der Mensch das *Wissen* über die Welt und ihre Geheimnisse, ansonsten bleibt er Sklave seiner selbst kreierten Gottheiten. Daath ist also sozusagen die „elfte Sephira" – aber – aber gibt es auch eine zwölfte?

In den überlieferten Schriften werden wir sie nicht finden. Die unterste Sephira – „Malkuth" (das Königreich) – steht ja bereits für die materielle Welt als die gröbste aller Erscheinungsformen Gottes. Was soll also nach Malkuth noch kommen?

Sehen wir uns dazu das zwölfte (also unterste) Blatt des Baumes auf Karte VI genauer an: Zunächst einmal wächst es im deutlichen Abstand zu den oberen Blättern hervor; zum zweiten: Ist es wirklich ein Blatt von diesem Baum? Könnte es nicht auch das Ende eines „Satansschwanzes" sein, der dem Menschen (Adam) gewachsen ist? Das Bild lässt diese Option auf jeden Fall zu.[10]

Diese Satanische Sephira ist das Kernstück des Lebensbaums, sprich: Unser wirklich eigener Wille, auch wenn er ungerecht ist, auch wenn er grausam ist, auch wenn er Blutvergießen bedeutet. All das *muss* er natürlich nicht.

Er ist einfach immer so sadistisch oder süß wie unsere Sehnsüchte.

---

[10] Und bestätigt sich, wenn du im Buch Thoth schon mal vorblätterst zu Karte 15, dem „Teufel".

Wichtig ist nur: Wir müssen uns zu dem, was wir wollen, aus ganzem Herzen (sprich: aus Liebe) *entscheiden*. Nach dem Genuss beider Früchte werden Adam und Eva stets aufs Neue, Tag für Tag Entscheidungen treffen müssen. Das ist die Voraussetzung für Magie und bedeutet eine große Verantwortung.

Wie sagt Aleister Crowley in seinem „Liber Al Vel Legis"?

„Liebe ist das Gesetz, Liebe unter Willen."

Der Engel Gabriel

Die meisten Tarot-Interpreten sehen in der zentralen Gestalt auf diesem Bild Rafael, den dem Luftelement zugeordneten Erzengel der jüdisch-christlichen Tradition, der uns zwar in apokryphen Schriften begegnet, in der Bibel aber nur ein einziges Mal in Erscheinung tritt, und zwar im Buch Tobias (Tobit). Dort tritt er als Wegbegleiter des Helden und als Engel der Heilung auf – was zu diesem Tarotbild meiner Meinung nach nicht passt. Ich vermute eher, der Engel auf Bild VI soll Gabriel sein – der gemäß alter Tradition als der rätselhafte Engel mit dem Flammenschwert gilt, der die beiden Urmenschen nach ihrem Sündenfall aus Eden vertreibt.

Der Engel trägt ein graues Gewand, und es sieht aus, als würde es mitsamt den Wolken die Sonne verdecken, die auf ziemlich ausladende Weise das obere Drittel des Bildes beherrscht. Das Grau hier ist kein tristes Grau; es hat einen Violettstich, der darauf hindeutet, dass der so verdeckte Mensch das Grau oftmals verklärt und etwas Anderes, Tieferes, Besseres darin zu erkennen versucht. Die roten Flügel des Engels hingegen deuten auf ein hohes Maß an Willenskraft hin, doch als Bewegungsmittel können sie nur transportieren, was das Gewand an Möglichkeiten bietet – also verklärte Grauheit. Das ist der Zustand der Menschen vor dem Genuss der Früchte vom Lebensbaum. Haben sie erst davon gegessen, wird der Engel samt seiner Wolken verschwinden, und die Sonne kann auf die „Sünder" herab strahlen.

Die Botschaft ist easy: Solange du nicht zum Gestalter deiner Welt wirst, musst du das Grau von Gabriels Mantel ertragen. Dein Leben wird ereignislos und manchmal trostlos sein. Erst wenn du den Mut findest, zu sagen: „Ich will dies oder will jenes, und ich *entscheide* mich dafür aus Liebe", werden die Dinge sich ändern.

Dann bist du zum *Liebenden* geworden, zum Herrscher deiner Welt.

Dann werden die Wolken (die wir unterhalb des Engelstorsos erkennen) sich auflösen, und du hast freie Sicht, und nichts bleibt als die strahlende Sonne und der blaue Himmel.

Du bist dem verlogenen Paradies entkommen, um in dein eigenes Paradies einziehen zu können.

Zusammenfassung

1. Liebe heißt, sich rückhaltlos *für* jemand oder etwas zu entscheiden. Eine Entscheidung *für* etwas impliziert jedoch stets eine Entscheidung *gegen* andere Dinge.
2. Wenn du einen Wunsch hast, den du mittels Magie verwirklichen willst, bedenke stets, was du damit alles aus deinem Leben *ausschließt*.
3. Entscheidungsschwäche bedeutet Unfähigkeit zur Liebe.
4. Adam und Eva aßen vom Erkenntnisbaum, was ihnen zu einem eigenen Willen verhalf. Der Baum des Lebens – *Otz Chiim* – steht für die Verbindung zwischen Oben und Unten, also für Magie.
5. Der Lebensbaum zeigt zehn verschiedene Erscheinungsformen des Einen Göttlichen. Kether ist die höchste, Malkuth (als Welt der Materie) die niederste Ausdrucksform Gottes.
6. Als „Liebender" (d. h. einer, der vom Erkenntnisbaum gegessen hat) wirst du stets vor neuen Scheidewegen stehen und dich von Herzen entscheiden müssen.

Lektion 7 - Aus grauer Städte Mauern

Hermann Hesse unterscheidet in seinem Roman „Narziß und Goldmund" zwischen *Vita activa* und *Vita contemplativa* – sprich: einem bewegten Leben „draußen in der Welt" und einem Leben in Zurückgezogenheit, das vor allem der Betrachtung dient. Beide Pole – das ist der Schluss, zu dem der Dichter gelangt – sind gleichermaßen wichtig, doch viele Menschen neigen dazu, einer jener beiden Lebensformen total zu verfallen und die andere zu vernachlässigen.

Der WAGEN

Von Zeit zu Zeit tut es not, dass wir – wie der Wagenführer auf dem Bild – unsere feste Burg verlassen, um in der Welt der Formen Erfahrungen zu sammeln. Die Burg mag Sicherheit geben, doch erleben wird man dort nicht viel. Wer etwas erleben will, muss in die Fremde.

Und es könnte so leicht sein: Man bräuchte nur in den nächsten Zug oder Flieger zu steigen – und sich einfach davonmachen. Doch da ist, wie wir sehen, ein tiefer Wassergraben, der zuvor überwunden werden muss. Erst wenn man ihn bewältigt hat, atmet man auf und scheut vermutlich die Mühe, ihn gleich wieder in der Gegenrichtung zu durchqueren. Man kommt nicht mehr so leicht an das, was gestern noch das eigene Leben war. Und das ist der eigentliche Grund, weshalb wir oft vor einem neuen Lebensabschnitt zurückschrecken: Man lässt so viel zurück.

Als ich 27 war, verduftete ich für ein Jahr nach Amerika. Das fremde Land mit seinen Gefahren machte mir nichts aus; ich war damals ein ziemlicher Wagehals und schlug mich mit allen möglichen Tricks durchs Leben. Was mir fehlte und manch schwere Nacht bereitete, waren die vertrauten Stimmen und Stuben, auf die ich nun für lange Zeit verzichten musste. Es gab Tage, an denen ich meine Entscheidung bereute und in Versuchung geriet, mit der nächsten Maschine zurückzufliegen.

Der eigentliche Gegner, dem man sich beim Ausbrechen stellen muss, ist nicht die Angst vor der Zukunft, sondern das Festhalten an der Vergangenheit.

Get a life!

Besonders ins Auge sticht das quadratische Medaillon, das der Mann um seinen Hals trägt. Das Quadrat, der Kubus, das Viereck steht im Tarot für die materielle, also reale Welt. In seiner Burg kann man träumen und sich Spiegelfechtereien hingeben – bewegt man jedoch sein Hinterteil, wird man mit der Realität konfrontiert. Mit Geld, Geschäften, Streitigkeiten und Menschen aus Fleisch und Blut. Das Quadrat der Materie ist das Signum dieser Karte. Es sagt uns: Bleib nicht im warmen Nest sitzen, sondern mach dich auf und blicke der Realität ins Gesicht.

Der Wagenführer sieht sehr jung aus, was weniger ein Hinweis auf sein biologisches Alter ist als auf das Lebensgefühl, das uns überkommt, wenn wir in einen neuen Lebensabschnitt aufbrechen oder uns unvertrauten Herausforderungen stellen. Schon ein neuer Job wird von vielen, die ihn antreten, als eine Art „Jungbrunnen" beschrieben. Menschen, deren Leben sehr bewegt war, mögen mit 70 ebenso alt aussehen wie ihre Altersgenossen – aber es ist eine andere Art von Alter, die sich in ihren Zügen spiegelt. Jeder Falte, jedem Altersfleck ist anzusehen, dass hinter ihm eine Geschichte steckt, während bei Menschen, die ein monotones Leben führten, das Älterwerden oft einer Art Fäulnis ähnelt.

Die beiden Schulterpolster des Mannes sind mit Mondsicheln verziert – und wenn wir uns an Morgensterns Gedicht erinnern, können wir feststellen, dass es der zunehmende Mond ist (rechte Schulter), der eher verdrießlich blickt, während der Gesichtsausdruck des abnehmenden Mondes (linke Schulter) freudig und zufrieden anmutet. Soll das heißen, dass Wachstum ein Grund zum Verzagtsein ist, während Verlust uns freudig stimmen soll? – Nein, denn unsere Perspektive ist nicht die des Wagenlenkers, der ja aus der Karte zu uns herausblickt. Der (für uns) abnehmende Mond ist für ihn ein zunehmender und umgekehrt. Wichtig ist dabei, die Aussage dieser Symbole nicht aus den Augen zu verlieren: Es wird nicht immer alles glatt gehen, wenn du in die Welt hinausziehst. Es wird fette Tage geben und magere. Davor kann dich keine Magie der Welt bewahren. Das Leben will, dass du es lebst und nicht im Rösselsprung austrickst.

Als kleiner Junge begleitete ich einmal meine Tante Rachel nach Princeton; es war ein sonniger Tag, die Vögel sangen, und alle Welt war gut gelaunt. Im Bus wurde mir jedoch so schlecht, dass ich meine ganze Kleidung vollkotzte, und Rachel musste mir in Princeton sofort neue Shorts und ein neues T-Shirt kaufen. „So ein Mist", sagte ich. „Jetzt habe ich dir die ganze Fahrt verdorben." – „Red keinen Unsinn", antwortete Rachel. „Man erin-

nert sich nur an Reisen, auf denen etwas schief gelaufen ist. Wenn alles glatt gelaufen wäre, hätten wir auch gleich zu Hause bleiben können."
Jene Konfrontation mit der realen Welt bereitet einer Menge Menschen echte Probleme. Der Astrologe Wolfgang Döbereiner hat sie einmal als „Ungeborene" bezeichnet. In ihrem Horoskop, so Döbereiner, finde sich meist eine disharmonische Verbindung zwischen Mond (dem Mutterleib) und Saturn (der nüchternen Realität), und sie neigten auch dazu, den Mutterleib mit größtmöglicher Verspätung zu verlassen, da ihnen vor der prosaischen Nacktheit der Welt graue. Ferner lasse sich feststellen, dass solche Realitäts-Skeptiker frühmorgens große Probleme hätten, aus dem Bett zu kommen. Bett, Mutterleib und sichere Burg – das sind alles Glieder ein und derselben Symbolkette. Grauer Alltag, nüchterne Welt und Wagenfahrt ins Ungewisse auch.

„Ungeborene" folgen im Leben einem typischen Muster: Sie bezahlen Rechnungen erst, wenn der Gerichtsvollzieher gerade noch zu vermeiden ist; sie tragen Konflikte erst aus, wenn sie völlig in die Enge getrieben werden; sie erledigen wichtige Amtskorrespondenz erst, wenn irgendein Crash droht; sie kümmern sich erst um ein Antiviren-Programm, wenn auf dem Bildschirm ihres Rechners seltsame Farben aufleuchten. Die Notwendigkeiten des Alltags werden von ihnen so lange wie möglich ignoriert, da sie ihre Festung, ihre Höhle, ihre Scheinwelt am liebsten nie verlassen würden.

Ein wichtiges Symbol ist in diesem Zusammenhang der sternengeschmückte Baldachin, der sich über dem Kopf des Wagenführers wölbt. Er steht für den *Schutz des Universums*, und das ist ein Begriff, den wir klären sollten.

Es ließe sich wahrscheinlich statistisch nachweisen (aber wer macht sich schon die Mühe): Wenn wir ein Risiko eingehen, werden wir häufig dafür belohnt. Wir zahlen einfach eine kleine Gebühr an den Kosmos (das Risiko als solches) und erhalten eine Gegenleistung (z. B. dass wir auf verblüffende Weise auf die Pfoten fallen). Die Großmutter eines Zigeunerjungen, mit dem ich als Kind befreundet war, kleidete diese Weisheit in den Spruch: „Hast du Mut, kriegst du Gut, hast du Schiss, kriegst du 'n Biss."

Dieser Schutz des Universums – den wir im Kapitel über die „dritte Art von Magie" noch eingehender diskutieren werden – funktioniert selbsttätig, sobald wir das Gefühl entwickeln können, mit den Geschehnissen um uns in Einklang zu sein. Und bei Menschen, die soeben ein Risiko eingegangen sind, funktioniert er besonders gut. Vermutlich sendet unser Unterbewusstsein die Botschaft, wir hätten uns diesen Schutz auf diese Weise „besonders verdient", da wir ja nicht passiv gewesen seien, sondern aktiv am Leben mitgewirkt hätten. Es sind die Ängstlichen, die scheitern, nicht die Mutigen.

Einen wichtigen Hinweis liefert uns der *große* Stern über dem Kopf des Wagenlenkers: Er ist das Bindeglied zwischen dem sternenübersäten Kosmos und der Stirn (der Bewusstheit) des Menschen. Er steht an seinem Scheitel-Chakra, das in der Tradition als Vermittlungspunkt zwischen höheren und niederen Sphären gilt – ein Symbol also für den Kuss, der unsere intime Nähe zum Universum besiegelt.

Der Wagen

Irgendwie sieht es aus, als wäre der junge Mann in den steinernen Wagen eingemauert. An dieser Stelle vermittelt das Bild eine eigenartige Statik, die seinen sonstigen Inhalten scheinbar zuwider läuft.

Um das zu begreifen, sollten wir uns mit der Tatsache vertraut machen, dass jedes Leben ein *Thema* hat – oder besser gesagt, ein Haupt- und mehrere Nebenthemen. Eins dieser Themen könnte lauten: *Suche nach Liebe.* Ein anderes vielleicht: *Suche nach Erfolg.* Es gibt so viele Themen wie es Wörter im Duden gibt. Mit diesem Thema im Gepäck betrittst du die Welt. Und jedes Kapitel im Buch deines Lebens wird auf rätselhafte Weise davon handeln.

Lebens-Themen sind dazu da, dass wir sie bewältigen, und zu diesem Zweck haben wir alle ganz unterschiedliche Gaben und unterschiedliche Lebenswege. Dass die Themen unseres Lebens sich von Person zu Person unterschieden, zeigt sich schon daran, dass wir alle anders aussehen. Die äußere Form ist stets ein Spiegel der inneren Befindlichkeit. Deshalb sehen bayerische Volksmusiker anders aus als amerikanische Rockmusiker, aus diesem Grund lässt sich bereits in frühem Kindesalter relativ leicht prognostizieren, ob jemand später zum pflichteifrigen Finanzbeamten wird oder zum kiffenden Hippie. Erst so pseudo-edle Parolen wie *Don't judge a book by its cover* haben dazu beigetragen, dass die meisten von uns blind geworden sind für die untrügliche Einheit von Inhalt und Form.

Wir tragen jeder eine Nuss mit uns durchs Leben, die es zu knacken gilt. Die eigentliche Individualität, sprich: die eigentliche Freiheit wird erst sichtbar am Vorgang des Knackens selbst. Der eine beißt die Nuss mit seinen spitzen Eckzähnen auf, der andere besorgt sich einen Nussknacker, der dritte zertrümmert sie mit der Faust, der vierte kriegt sie gar nicht klein. Trotzdem – die Nuss ist und bleibt sein Schicksal. Die Nuss als solche wird er nicht los.

So ist auch der Wagenlenker auf dem Bild in eine bestimmte Form gegossen, aus der er nicht heraus kann. Da wir alle verschieden sind, haben wir auch unterschiedliche Biografien. Beim einen dreht sich alles ums Geld. Beim anderen alles um Liebe. Ein anderer kommt vielleicht mit einer Behinderung zur Welt. Als hübsches Mädchen bricht man schon als Dreizehnjährige viele Männerherzen, als unförmiges Mädchen ist man womöglich mit fünfundzwanzig noch Jungfrau. Die Aufgaben, die dir das Leben stellt, sind die Folge von Erbgut und Fügung. Dein freier Wille beginnt dort, wo es um das Lösen dieser Aufgaben geht.

Ich werde oft gefragt, ob es meiner Weltanschauung nicht zuwider läuft, sich mit Astrologie zu beschäftigen. Ich glaube nicht. Unabhängig davon, ob man an Astrologie „glaubt" oder nicht – sie stützt sich zumindest auf die Prämisse, dass jeder mit einem Horoskop zur Welt kommt, das sich im Lauf der Äonen nie mehr auf die gleiche Weise wiederholen wird. Genau das macht für mich den Reiz der Astrologie aus – dass sie von der Einzigartigkeit des Individuums ausgeht.

Nehmen wir etwa eine Opposition von Mars und Saturn. Grundsätzlich bedeutet sie: Deine Energie wird immer wieder von außen gebremst, eingeschränkt, diszipliniert. In der Realität kann das ein strenger Vater sein, ein steifes Bein oder eine Wand, gegen die du deinen Wagen fährst. Schon das Problem selbst kann also in unzähligen Gewändern auftreten. Was nun seine Lösung anbetrifft, so stehen dir erst recht alle Türen offen. Du kannst Karate machen (die Energie deiner Hand an harten Widerständen erproben), du kannst mit dem Fahrrad Downhill fahren, du kannst auch – auf welchem Weg auch immer – deinen eigenen Saturn stärken, damit dein Mars nicht immerzu von außen frustriert werden muss. Es liegt an dir.

Die Sphinxe

Das Lösen der Probleme, das Bewältigen der Dinge beginnt mit dem Stab in der Hand des Wagenlenkers. Er dirigiert mit ihnen zwei Sphinxe, die den Wagen allem Anschein nach in unterschiedliche Richtungen ziehen wollen. Dass die eine weiß ist (edel, rein gut), die andere schwarz (eigenmächtig, böse, dunkel), erweist sich auf den zweiten Blick als Täuschung. Denn die weiße Sphinx enthält schwarze Elemente wie auch umgekehrt. Es gibt also keinen „richtigen" und „falschen" Weg. Es gibt allenfalls zwei Wahlmöglichkeiten, die beide ihre Vorteile und Fallstricke haben. Lässt man den Sphinxen freien Lauf, wird sich der Wagen entweder verdammt langsam vorwärts bewegen oder im schlimmsten Fall zerreißen.

Aber auch die Möglichkeit, sie ihrer vorgegebenen Richtung zu entfremden und geradewegs nach vorne laufen zu lassen, erscheint unbefriedigend: Es wäre das bekannte Leben auf „Sparflamme", nicht Fleisch und nicht Fisch. Als ich 1988 nach New York kam, sagte ein alter Einheimischer zu mir: „Wenn du die Stadt wirklich kennen lernen willst, halte dich nicht nur auf den Streets (den waagerechten Straßen) auf, aber auch nicht nur auf den Avenues (den senkrechten Straßen). Geh mal links, mal rechts, dann wieder links, dann wieder rechts. So lernst du nach und nach die interessantesten Viertel und manch unerforschten Winkel kennen."

So sollten wir es auch mit unserem Leben, bzw. den Sphinxen tun, die den Lebens-Wagen ziehen: Bemühe dich gar nicht erst um einen lauwarmen Ausgleich. Lass dich stattdessen abwechselnd vom einen, dann vom anderen Extrem führen. Ausgleich der Polaritäten bedeutet nicht, die goldene Mitte zu suchen, sondern sie auf lange Sicht rein mathematisch zu finden, indem man mal den hellen Weg geht, mal den dunklen. Heute mit Bettlern verkehrt, morgen mit Prinzen. Ein Jahr der Enthaltsamkeit erlebt, das bald von einem Jahr voll Sex und Abenteuern abgelöst wird. Dann hast du auf deine alten Tage echt was zu erzählen.

Das Signum

Sehen wir uns zuletzt das Zeichen auf dem Wagen an: Eine gelbe Sonne mit Flügeln, darunter ein seltsames Gebilde, das an ein Kinderspielzeug erinnert, vielleicht einen Kreisel. Dieses Symbol nennt sich Lingam und Yoni und stammt aus der Hindu-Tradition. Machen wir zuvor einen Test: Wenn du die Worte Lingam und Yoni dem männlichen bzw. weiblichen Geschlechtsorgan zuordnen solltest, welchen Begriff würdest du für welches Sexualorgan wählen?

Ich gehe davon aus, dass du – wie die meisten Testpersonen in meinen Kursen – Lingam dem Penis, Yoni der Vagina zugeordnet hast, und genauso ist es auch korrekt. Wortschöpfer wissen meist gut Bescheid über den Zusammenhang von Klang und Bedeutung.

Lingam und Yoni stehen für sexuelle Vereinigung, aber auch für den Ausgleich von Polaritäten. Bei jedem Sexualakt findet so etwas wie ein Austausch verschiedenartiger Energien statt, was ein brauchbares Symbol ist für die Nivellierung von Extremen. Nicht nur, dass der Mann sein Sperma in die Scheide der Frau ergossen hat – es ist auch die Spannung weg, die der eigentliche Anlass zum Beischlaf war. Man könnte sagen: Der „Friede" ist für eine Zeit lang wieder hergestellt.

Die Reise des Wagenlenkers dient also dem Ausgleich von Polaritäten, womit wir wieder bei Narziß und Goldmund angelangt wären. Das Innen und das Außen, die Ruhe und die Bewegung, das Passive und das Aktive verschmelzen miteinander, und der Boden, auf dem dein Leben sich abspielt, wird fruchtbar.

Zusammenfassung

1. Ein ausgewogenes Leben besteht sowohl aus „Vita Activa" (dem aktiven Leben) als auch „Vita Contemplativa" (dem Leben der Betrachtung, das man nur mit sich allein führen kann).

2. Die „Vita Activa" steckt oft voller Irrungen und Abenteuer, denen wir uns stellen müssen und vor denen uns auch die Magie nur in einem begrenzten Rahmen bewahren kann. Wir sollten nicht vergessen, dass solche Erlebnisse „die Würze" unseres Lebens sind.

3. Wenn alles im Leben nur glatt laufen soll, kannst du auch gleich zu Hause bleiben.

4. „Ungeborene" fürchten sich vor der rauen Welt da draußen. Um sich unangenehmen Notwendigkeiten zu stellen, müssen sie oft erst in die Knie gezwungen werden.

5. Unser Mut, die vertraute Umgebung (ob innerlich oder äußerlich) für eine Weile zu verlassen, wird vom Universum immer belohnt.

6. Jeder von uns hat ein zentrales Lebensthema zu bearbeiten, was sich jedoch nicht zu Hause in der warmen Stube bewerkstelligen lässt. Wir müssen hinaus in die Welt.

7. Zum Leben gehören Extreme. Auf ewiger Sparflamme verpasst man die besten Dinge.

Lektion 8 - Tierisch-Allzutierisches

Als Teil der Natur befinden wir Menschen uns in einer einmaligen Situation, und es ist fraglich, ob man uns darum beneiden oder dafür bedauern sollte: Wir sind Mensch und Tier in einem. Was sich zunächst nicht nach einem Widerspruch anhört, denn biologisch gesehen ist der Homo sapiens ohnehin nur eine von vielen Spezies. Trotzdem unterscheidet der Volksmund zwischen „Mensch und Tier", wobei in dem Begriff Mensch die Zivilisation samt all ihrer Konsequenzen mitschwingt.

Tatsache ist: Auf dem Weg zur „Krone der Schöpfung" (religiöser Irrtum) oder zum „höchst entwickelten Lebewesen" (wissenschaftlicher Irrtum) haben wir viel auf der Strecke gelassen – zum Beispiel gut neunzig Prozent unserer Instinkte, die uns bei unserem Überlebenskampf oft nützlich wären. Wir haben sie ersetzt durch wissenschaftliche und technische Gimmicks. Doch ein Nokia-Handy mit eingebautem Fieberthermometer ersetzt nicht den instinktiven Trieb, bei erhöhter Temperatur viel zu trinken und Vitamin-C-haltige Früchte zu essen.

Wenn der Arzt zu uns sagt: „Bei einer Darmgrippe sollten Sie kein Hefeweizen trinken", dann notieren wir uns auf einem kleinen Merkzettel „KEIN HEFEWEIZEN!" Tiere brauchen solche Gedächtnisstützen nicht. Wenn sie krank sind, meiden sie automatisch alle Substanzen, die ihren Zustand verschlimmern. Sie brauchen auch keine „Erziehungswissenschaft", weil sie genau wissen, wie sie ihren Nachwuchs fürs Leben rüsten müssen, und erst recht keine „Sexualwissenschaft". Die Arterhaltung hat bei ihnen in den letzten Jahrmillionen auch ohne solchen Humbug ganz gut geklappt.

Wissenschaft – so atemberaubend sie manchmal sein mag – ist für unsere tierischen Instinkte und Fähigkeiten ein recht fader Ersatz. Natürlich mag ein Kompass nützen, wo dem Hund seine Schnuppernase genügt; natürlich helfen Armbanduhren uns, den Tag durchzuplanen anstatt sich vom Stand der Sonne leiten zu lassen; natürlich kann ein gut besohlter Schuh eine kiesel- und felserprobte Fußsohle ersetzen; natürlich ist ein Pelzmantel besser als gar kein Fell; und natürlich lässt uns ein Obstmesser rasch vergessen, dass unsere Zähne nicht mehr in der Lage sind, einen Apfel durchzubeißen – doch im Wettkampf gegen andere Tierarten sähen wir ohne diese Hilfsmittel (ja, manchmal sogar *mit* ihnen) ganz schön alt aus. Wir sind eine Spezies, der im Laufe der Äonen die Haare ausgegangen, die Muskeln geschrumpft und die Nägel verkümmert sind. Echt attraktiv, der Mensch.

Was wir dabei neben unserem Intellekt und unserer Erfindungsgabe herausentwickelt haben, sind in erster Linie Zivilisationsneurosen, die es uns unmöglich machen, je so richtig glücklich zu sein: Ein Kratzer im Auto, ein Brandloch im Teppich, ein Versprecher bei einem Vortrag – und schon sind wir total neben uns. Banale Kleinigkeiten haben sich zu Apokalypsen gebläht. Das Universum mag Billionen von Lichtjahren groß sein – uns hier unten stört es trotzdem ganz gewaltig, wenn die Wohnzimmertür beim Öffnen quietscht.

Ähnliche Neurosen haben wir in Bezug auf unsere Körperpflege und Reinlichkeit entwickelt: Ein T-Shirt mal länger als einen Tag lang zu tragen, galt in Deutschland noch vor ein paar Jahren als völlig okay – seit man jedoch Au-pair-Mädchen, die ein Jahr in den USA verbringen, rät, wenigstens einen Tag mit einem anderen ungewaschenen T-Shirt dazwischenzuschieben, damit es nicht auffällt, hat sich auch bei uns der Standard geändert. Heute darf man nach „Day on the Beach", „Summer Meadows" und „Cool Arctic Night" riechen – nur nicht nach sich selbst.

Dabei ist unser Eigengeruch, solange er nicht zum Gestank mutiert, das mächtigste Aphrodisiakum überhaupt. Das Wort „Körpergeruch" verbinden wir inzwischen mit etwas Unangenehmem – in Wirklichkeit kann der Geruch eines Körpers geradezu elektrisierend sein. Ob in den Achselhöhlen, auf den Fußsohlen oder im Intimbereich – die Natur hat jene markanten Regionen ganz bewusst mit einem Mehr an Duftstoffen ausgestattet und sich daran orientiert, an welchen Stellen die Menschen, als sie noch Tiere waren, sich einst beschnüffelten oder der Fährte des anderen folgten. Heute besprühen wir uns den ganzen Tag mit irgendwelchen Duftwassern, Schweißneutralisierern und Bakterienkillern (die natürlich auch sinnvolle Mikroben in den Tod jagen). Und die Tiere lachen über uns.

Dass wir so etwas wie Ekel verspüren, ist allerdings nichts typisch Menschliches. Katzenbesitzer wissen, wie ihre Hausgenossen angewidert die Pfote schütteln, wenn ihnen das Menü nicht zusagt. Ekel ist ein wichtiger Mechanismus der Natur, der uns davor bewahrt, Substanzen in uns aufzunehmen, die unserer Gesundheit eventuell nicht zuträglich wären. Aus diesem Grund fressen z. B. Tiere (außer gewissen Affenarten) so gut wie nie ihr eigenes Erbrochenes oder ihren Kot. Ausschlaggebend ist, *wovor* man sich ekelt: Vor wirklich schädlichen Dingen, vor (nur) zweifelhaften Dingen, oder vor nahezu allem und sogar der eigenen Duftnote.

Natürlich riechen wir nach einem heißen Sommertag im Auto nicht besonders aufregend – die Sehnsucht nach einer warmen Dusche hat dann gewiss ihren Sinn. Doch schon den leisesten Anflug von Eigengeruch sofort mit Seife und Deo zu bekämpfen ist auf jeden Fall ziemlich naturwidrig. Und traurig, aber wahr – inzwischen gibt es so merkwürdige Produkte wie „Bergkristall"-Stifte, die dafür sorgen, dass uns jeglicher Eigengeruch verloren geht, so dass wir von Artgenossen nicht mal mehr als potentielle Geschlechtspartner identifiziert werden können.

Die Schöne und das Biest

Wir sehen auf dem Bild eine Frau mit einem Löwen. Mal abgesehen davon, dass die Raubkatze proportional gesehen etwas mickrig ausgefallen ist (was man dem Zeichner, der vermutlich noch nie einen Löwen live gesehen hatte, verzeihen sollte), fällt vor allem auf, dass die Frau von dem Löwen weder bedroht wird, noch vor ihm flüchtet, sondern in dieser Situation eindeutig am längeren Hebel sitzt. Sie macht auf uns den Eindruck einer Raubtierbändigerin.

Wofür könnten Löwe und Frau symbolisch stehen? Sehen wir uns die Kleidung der Protagonistin an, vor allem den Blumenschmuck: Das sind keine Blumen vom Feld, mit denen sie sich notdürftig zu verschönern versucht, sondern es sind *gestaltete* Blumen – so wie die Rosen am oberen Rand von Bild I (Magier), was darauf schließen lässt, dass wir es hier mit einem dem Urzustand entwachsenen, sprich „zivilisierten" Menschen zu tun haben.

Der Löwe muss wohl nicht ausdrücklich gedeutet werden. Er steht für das Wilde in uns, das Unbearbeitete, nicht Verfeinerte, sondern Ursprüngliche. Er steht für das menschliche „Tier" mit all seinen natürlichen Instinkten und Fähigkeiten, aber auch seiner ursprünglichen Wildheit. Wehe, wenn er losgelassen.

Die Frau (der „neue Mensch") hält ihm *nicht*, wie es in vielen Tarot-Büchern steht, das Maul zu – sonst hätte der Ärmste sich längst die Zunge abgebissen, die ihm noch sehr lebendig aus dem Maul hängt. Richtig ist: Die Frau *reguliert* die Öffnungsweite des Mauls des Löwen. Sie bestimmt das Maß an Wildheit und Unverbildetheit in ihrem Leben. Sie gibt dem Löwen seinen Anteil – ohne dass er sein Konto überziehen darf.

Karte VIII ruft uns also dazu auf, einen Mittelweg zu finden zwischen den Gaben, die wir von der Natur mitbekommen haben, und dem, was die Zivilisation uns beigebracht hat. Das heißt: Wenn eine Frau im Supermarkt uns gefällt, empfiehlt es sich nicht, sie einfach zu bespringen wie ein Rüde es mit einer Hündin tun würde. Andererseits ist es auch kein Zeichen für psychische Gesundheit, wenn Menschen oft ein Jahr lang brauchen, bis sie jemanden, der ihnen gefällt, auch nur anzusprechen wagen. Der „Löwe" des 21. Jahrhunderts läuft meist mit einem ziemlich geschlossenen Maul durchs Leben; bei vielen ist es wie mit Pech verklebt. Was spräche z. B. gegen den Satz: „Sie gefallen mir; ich würde gern mit Ihnen ausgehen." – und einem Ja oder Nein als Antwort, ohne jegliche Ressentiments?

Jene Wildheit, jenes „Tier" in uns mit seinem ausgeprägten Spiel- und Sexualtrieb, wird übrigens auch in der Astrologie durch das Löwe-Zeichen symbolisiert. Wessen Löwe so überdressiert ist, dass er nur noch schläft und sein Maul hält, ist natürlich wie prädestiniert für eine Verschiebung der Symptome auf die psychosomatische Ebene – in diesem Fall wären es Herzkrankheiten. Ich bin der festen Überzeugung, dass Feste wie Karneval sich deswegen auch heute noch so großer Beliebtheit erfreuen, weil die anerzogenen Benimmregeln und zivilisationsbedingten Kontaktängste dort für einige Zeit ein wenig gelockert sind – auch wenn Slogans wie „Im Karneval ist alles erlaubt" ebenfalls nur *Regeln* sind, die nach Ende der närrischen Jahreszeit wieder außer Kraft treten.

Der Begriff „Karneval" (lat. carnis = Fleisch) steht für eine Zeit, in der rasch noch einmal der Fleischlichkeit gehuldigt werden darf, ehe die Fastentage beginnen (am Aschermittwoch wird Katholiken ein Kreuz aus Asche auf die Stirn gezeichnet – ein Aufruf zur „Umkehr"). Fleischlichkeit – das ist Sex, leckeres Essen, feiern, sich berauschen, der Sinneslust frönen. Auch dies wird hier durch den Löwen verkörpert, und je nachdem, wie weit wir es ihm erlauben sein Maul aufzusperren, werden diese Themen in unserem Leben auf ihre Kosten kommen.

Dass es einerseits „Fastentage", andererseits „närrische Tage" gibt, sorgt innerhalb des christlichen Jahreskreises zumindest für eine gewisse Balance. Die Kirchenväter und ihre Erben waren nicht völlig beschränkt; sie kannten die menschliche Natur recht gut. Dennoch ist jene strenge Trennung zwischen „Dürfen" und „Nicht-Dürfen" ein törichtes Spiel, denn wenn unsere Hormone verrücktspielen, ist es ihnen egal, ob Jesus gemäß julianischem Kalender noch auf seine Hinrichtung wartet oder sie bereits hinter sich gebracht hat. Der Löwe wird über Menschen, die ihre Bereitschaft zu feiern oder in Sack und Asche zu gehen, am Lebenslauf eines vor 2.000 Jahren verfaulten Gurus orientieren, nur verständnislos die Mähne schütteln.

Die Lemniskate

Wie beim Magier (Bild I) schwebt über der Stirn der „Kraft"-Protagonistin ein Unendlichkeits-Zeichen, eine Lemniskate. Wir wissen, dass es in solchen Fällen um „ewig gültige Dinge" geht, unabhängig von Trends oder Strömungen. Bei der Dualität Natur – Zivilisation liegt der Zusammenhang auf der Hand: Der Mensch wird nicht aufhören, sich und die Welt, die er bewohnt, voranzutreiben – ob in konstruktive oder destruktive Bahnen, sei dahingestellt (eine Menge technischer Neuerungen lassen sich zweifelsohne als Rückschritt deuten). Er wird aber auch immer wieder zu seinem Ursprung zurückgeführt werden und immer Tier bleiben.

Wäre dies anders, gäbe es z. B. kaum sexuelle Übergriffe auf andere Personen. Das Nicht-Bespringen-Dürfen, von dem wir gesprochen haben, führt selbstverständlich zu Stauungen. Ganz ähnlich verhält es sich z. B. mit Pädophilen: Sex zwischen Erwachsenen und Minderjährigen mag ein gesellschaftliches Problem sein, aber wenn man den Betroffenen – wie es derzeit geschieht – jede Möglichkeit zur Ersatzbefriedigung wegnimmt, hungert man ihren Trieb nicht wie erwartet aus, sondern macht ihn erst richtig unberechenbar. Wenn eine erwachsene Person zu Hause im stillen Winkel vor dem Foto einer leicht bekleideten 13-jährigen masturbiert, stört das auf dieser Welt keine Mücke. Indiziert man solche Bilder jedoch, laufen die Unbefriedigten massenweise durch die Straßen.

Ein Löwe, dem man das Maul zu fest und lange zuhält, kann eines Tages sehr gefährlich werden.

1. Das sprichwörtliche „Tier im Menschen" ist in den letzten Jahrtausenden weitgehend verkümmert. Ohne technische Hilfsmittel wären wir kaum überlebensfähig.

2. Kosmetik ist eine feine Sache, sie sollte aber dazu dienen, unser eigenes „Aroma" zu unterstützen anstatt es abzutöten. Manche Produkte – wie z. B. „Kristall-Deostifte" – machen uns, ohne dass wir es merken, zum Neutrum.

3. In unserer Gesellschaft können wir das Tier in uns nicht mehr komplett ausleben, ohne anzuecken. Ebenso falsch ist es jedoch, sich über die Maßen „bändigen" zu lassen.

4. Wie Löwen lechzen wir alle nach Zeiten, in denen die Fesseln der Zivilisation ein wenig gelockert werden – wie etwa im Karneval. Besser jedoch ist es, diesen Zustand nicht auf ein paar Tage im Jahr zu konzentrieren, sondern (in etwas milderer Dosis) auf das ganze Leben zu verteilen.

5. Der christliche Jahreskreis mit seinen Fest- und Fastentagen versucht den emotionalen Bedürfnissen des Menschen zwar entgegenzukommen, versagt aber an den Ansprüchen des Individuums.

6. Manche Menschen wie z. B. Pädophile haben sexuelle Wünsche, die mit unserer Gesellschaftsordnung nicht kompatibel sind. Ihnen jedoch z. B. durch Bilderverbote im Internet jede Möglichkeit zur Ersatzbefriedigung wegzunehmen, bedeutet, sie mit einem noch größeren Maß an aufgestauten Trieben auf die Menschheit loszulassen. Das ist fahrlässig.

Lektion 9 - Lausche deinem Schweigen

Für mich ist der „Eremit" eins der eindringlichsten und stimmungsvollsten Bilder im Tarot. Es beschäftigt sich mit jener Polarität, die im Bild des „Wagens" für eine Zeit lang in den Hintergrund tritt, nach Ablauf eines gewissen Intervalls jedoch wieder an Bedeutung gewinnt: Den Rückzug, das Alleinsein, die Narziß- im Gegensatz zur Goldmund-Lebensweise. Goldmund liebt Frauen, Abenteuer und Feste. Narziß zieht sich lieber in die Einsamkeit zurück und liest über das, was Goldmund ganz real erlebt. Er ist zwar einsam, fühlt sich aber nicht so. Phasen, die im Leben des Magiers einen wichtigen Stellenwert einnehmen.

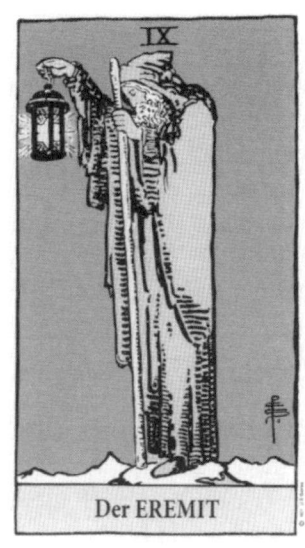

Der EREMIT

In unseren Tagen geht es primär um das Erleben (eine feine Sache), seltener um die Verarbeitung des Erlebten (eine fast noch feinere Sache). Der innere Raum ist unwichtig geworden; sobald ein Reiz nicht mehr funktioniert, wird er durch einen anderen ersetzt. Die Fantasie gerät aufs Abstellgleis. Die linke Gehirnhälfte jubelt, die rechte verkümmert. Einsamkeit wird als Bedrohung empfunden statt als Chance. Dass sie einer der reizvollsten und fruchtbarsten Zustände im Leben des Menschen sein kann, begreift keiner mehr.

Bevor der Morgen graut

Der Umhang mit der Kapuze bedeutet: Mach für eine gewisse Zeit die Schotten dicht. Lass äußere Reize nicht an dich herantreten. Blicke jetzt in dein Inneres, und alles, was sich in der scheinbar „realen" Welt abspielt, lass draußen vor.

So sehen wir unter der Kapuze das wallende weiße Haar und den üppigen Bart des Eremiten. Haareschneiden, Rasieren, das alles sind Dinge des „praktischen" Alltags, auf die er schon seit geraumer Zeit verzichtet hat. Sein Blick ist nicht nach vorne gerichtet, wo die Abenteuer des Alltags warten, sondern er starrt gewissermaßen in sein Gewand, sprich: in sich selbst hinein.

Die Farbe des Himmels – und über Himmelsfarben wissen wir ja bereits eine Menge – ist weder Morgen, Tag noch Nacht. Es ist ein fahles Blau, typisch eigentlich für den Abend oder die Stunden kurz vor Sonnenaufgang. Das Zweite erscheint mir in diesem Fall naheliegender – denn der lange Bart und der Blick nach links (zurück in die Vergangenheit) deuten eher auf eine Zeit hin, die nun bald zu Ende geht. Noch ein paar Minuten vielleicht, und der Morgen graut – doch die Stunden, die hinter dem Eremiten liegen, haben ihm für diesen jungen Tag samt all seiner Erfordernisse neue Kraft gegeben.

Dir ist sicher klar, weshalb der Eremit kein Hawaii-Hemd trägt, sondern einen sackartigen grauen Umhang. In der katholischen Kirche tragen Priester solche Gewänder manchmal während der Karwoche. Das Licht der Osternacht strahlt noch nicht auf, und die schwermütige Atmosphäre der Zeit um Karfreitag bestimmt noch immer das Leben. Doch das Licht ist bereits vorprogrammiert, und man darf davon ausgehen, dass auch der Eremit wieder ein Stück mehr vom Leben begriffen hat, wenn er sein Refugium verlässt, um in den Alltag zurückzukehren.

Und das wird er tun. Immer wieder. Echte Weise verbringen nicht das ganze Leben in ihrer Höhle. Die Erleuchtung mag in der Stille kommen; in der *ewigen* Stille bliebe sie aus oder wäre ohne Sinn. Die Erfahrungen des Alltags, das Leben in seiner Fülle sind für den inneren Fortschritt unentbehrlich.

Es ist ein Schnee gefallen

Welche Art Schuhe der Eremit trägt, ist nicht genau zu erkennen – nach gefütterten Winterstiefeln sieht es jedenfalls nicht aus. Und das, obwohl der Grund, auf dem er sich fortbewegt, bedeckt ist mit Eis und Schnee. Was die Vermutung nahelegt, dass die physikalischen Reize der Außenwelt ihn im Moment nicht erreichen können. Es ist sicher keine erhebende Erfahrung, mit Sommerschuhen oder Flip-Flops im Eis zu stehen – den Eremiten jedoch beschäftigen andere Dinge. Die Kälte – und auch hier sei auf spätere Kapitel verwiesen, denen ich nicht vorgreifen will – ist ein Teil jener Welt, die nur unsere eigene perfide Schöpfung ist und nicht „gilt". Das soll nicht heißen, dass wir barfuß durch Schneelandschaften laufen können, ohne uns böse zu erkälten. Es soll nur heißen, dass die Erkältung – gemessen an der Wirklichkeit anstelle der Realität – ebenso Illusion ist wie der Schnee. Doch dazu später.

Der Schnee und das luftige Schuhwerk des Eremiten weisen noch auf eine andere Tatsache hin: Je mehr wir unsere eigene Welt kreieren, umso weniger werden die vom Gros der Menschen als schmerzhaft empfundenen Dinge von uns noch als Problem wahrgenommen.

Ich kenne zwei Personen, denen im letzten Jahr aus dem einen oder anderen Grund der Führerschein entzogen wurde. Einer davon ist 21, liebt den Geschwindigkeitsrausch und empfindet ein gewisses Tempo schon fast als Ersatz-Orgasmus. Der andere ist 54 und verbringt die meiste Zeit zu Hause, wo er liest und gerne mal einen über den Durst trinkt (was mit dem Verlust seines Lappens natürlich in engem Zusammenhang steht). Dem Eremiten ähnelt er so gesehen viel mehr als sein jüngeres Äquivalent. Aus diesem Grund läuft der junge Typ Gefahr, einen wichtigen Lebensinhalt zu verlieren, der ältere, weitaus abgeklärtere Mann aber sagte kürzlich zu mir: „Okay, sie haben mir den Führerschein weggenommen. Morgen nehmen sie mir vielleicht ein altes Hemd aus dem Kleiderschrank weg. Aber wenn ich es nicht wüsste, würde ich es nicht mal merken."

Das ist der Weg des Eremiten.

Stab und Lampe

Der Eremit spürt also die äußere Kälte nicht – was er seinem inneren Leuchten zu verdanken hat. Sieh dir die Farben von Stab und Lampe an – ist das nicht ein Licht, das dir so richtig wohl tun würde – vor allem nachts, oder wenn du allein bist und frierst?

Hier wird uns eine dritte Art von Stab vor Augen geführt – kein Zauberstab, wie der Magier ihn in Händen hält, aber auch nicht der das Feuerelement repräsentierende Stab der Stäbe-Serie; tatsächlich handelt es sich um einen Gehstock, der dem sichtlich betagten Eremiten als Stütze dient. Da er im Gegensatz zum Wagenlenker vorübergehend nicht erlebt, sondern Erlebtes verarbeitet, gewinnt er an Einsichten und Erkenntnissen, die ihn stützen und stärken. Und sein hohes Alter sollte nicht zu direkt interpretiert werden – Menschen, die aus ihren Erlebnissen lernen, also Verarbeitende sind, verfügen stets über ein gewisses Maß an Reife, und gemessen an der Wahrheit, die wir aus unseren täglichen Abenteuern beziehen können, sind die Besten unter uns alle nicht mehr die Jüngsten.

Zu erwähnen wäre noch die Laterne, deren eigentliche Lichtquelle die Form eines Sterns aufweist – wobei es sich diesmal um ein sogenanntes *Hexagramm* (hexa = griech. sechs) handelt, einen sechszackigen Stern also, bekannt auch als Davidstern, Symbol des Judentums.

Im Grunde handelt es sich um zwei gleichseitige Dreiecke, die einander durchdringen; eins mit der Spitze nach oben, das andere mit der Spitze nach unten. Das sich nach oben verjüngende Dreieck steht für die materielle Welt, die „aufwärts" strebt; das andere Dreieck für die Welt des Göttlichen, Nicht-Realen, die sich zum Menschen herabneigt. So ähnelt der Davidstern in seiner Bedeutung dem Kreuzzeichen, das wir ja bereits diskutiert haben: Das Obere und das Untere werden eins, der Mensch zum Gott seiner eigenen Welt – womit wir wieder bei der Magie angelangt wären.

Die Botschaft des Eremiten lautet, dass es stiller Rückzugsphasen bedarf, um jene Vereinigung erleben zu können. Das laute Leben des Alltags und der Städte verstopft die Poren, durch die wir die Luft unserer Göttlichkeit atmen können.

Auf Hexagramme treffen wir auch in sogenannten Mandalas, jenen rätselhaften Symbolen aus der Welt des tantrischen Hinduismus und Buddhismus, wo es ebenfalls um die Einheit von Ideenwelt und realer Welt geht: Geist und Materie sind eins, Charakter und Schicksal nicht voneinander zu trennen, das Absolute offenbart sich im Phänomen.

Zusammenfassung

1. Die Gabe der Fantasie, die so wichtig ist für die Kraft der Gestaltung, kann sich nur in Rückzugsphasen entwickeln. Draußen in der Welt verspeist du die Früchte; in deiner Kammer, allein mit dir selbst, entziehst du ihnen die „Vitamine" und verleibst sie deinem Organismus ein.

2. Rückzugsphasen ergeben nur Sinn, wenn sie zeitlich begrenzt sind. Gedankenreisen ohne vorangegangene Erfahrung in der Welt der Geschehnisse haben einen Erleuchtungswert von Nullkommanull.

3. In deiner „eigenen Welt" wirst du äußere Verluste oft als völlig neutral empfinden; sie sind nur von Bedeutung in der Welt der von fremder Hand erschaffener Konstrukte.

4. Der Eremit ist der Welt der Ideen und Rohformen ganz nahe, was sich im Hexagramm (Zeichen der Durchdringung des Irdischen mit dem Göttlichen) deutlich widerspiegelt.

Lektion 10 - Jenseits der Sphären

RAD des SCHICKSALS

Bild X („Das Rad des Schicksals") ist eine der am schwersten zu deutenden Karten im Buch Thoth. Zunächst ist es die einzige Tarotkarte, auf der kein menschliches Wesen erscheint; zum zweiten steckt das Bild voll verwirrender Symbolik. Um der Sache näher zu kommen, sollten wir uns als erstes die Frage stellen: Gibt es Schicksal?

Wenn ja, was ist Schicksal? Und wer lenkt es?

Um dem Begriff „Schicksal" auf die Schliche zu kommen, suchen wir einfach nach ähnlichen Wörtern in der deutschen Sprache: Trüb-sal, Drang-sal, Müh-sal, Lab-sal, Rinn-sal. Was ist das für ein „sal" am Wortende? Allem Anschein nach bezeichnet es etwas, das „über uns kommt" – für das wir also keine Verantwortung tragen und gegen das wir auch nichts unternehmen können. Beim Wort „Schicksal" wäre es etwas, das uns im wahrsten Sinne des Wortes ge-schickt wird, von irgendeiner ominösen höheren Macht. Gibt es so etwas? Wäre es nicht purer Fatalismus, an dergleichen zu glauben?

Natürlich. Trotzdem ist es zunächst einmal der beste Ansatz zum Verständnis des Bildes.

Bislang konnten wir uns bei jeder Karte mit einem im Mittelpunkt des Geschehens stehenden Protagonisten identifizieren. Auf diesem Bild scheint diese Identifikationsfigur zunächst zu fehlen Doch es gibt sie. Um sie leichter zu finden, stellen wir uns die Frage: Welche Gestalt befindet sich im Zentrum des Bildes?

Es ist – rein geometrisch gesehen – die Sphinx.

Die Sphinx ist dafür bekannt, dass sie Reisenden, die an ihr vorbeikamen, eine Rätselfrage stellte – wer sie nicht lösen konnte, wurde von ihr erwürgt. Das Rätsel der Sphinx lautet: *Was geht am Morgen auf vier, am Mittag auf zwei und am Abend auf drei Beinen?* Und es war der Königssohn Ödipus, der als erster die richtige Antwort gab: „Der Mensch ist es. Als Kind kriecht er auf allen Vieren, als Erwachsener läuft er auf zwei Beinen, als Greis jedoch, wenn seine Kräfte ihn verlassen, bedarf er eines Stockes, um sich fortbewegen zu können."

Was bedeuten soll: Es gibt einen *natürlichen* Verlauf des Schicksals, dem wir nicht entfliehen können. Schon viele haben angekündigt, ewig leben zu wollen – gestorben sind sie am Ende alle. Und auch der Alterungsprozess lässt sich ab einem gewissen Punkt nicht aufhalten. Es ist zwar richtig, dass Menschen, die ihr Leben positiv gestalten, auch länger jung bleiben, was sich in ihren Zügen, ihrer Körperhaltung und ihrer Gewebequalität wider-spiegelt – zum Stillstand bringen jedoch lässt sich der Alterungsprozess nicht. Dass wir also von süßen Babys zu schmucken Teenagern, dann zu Erwachsenen und schließlich zu gebrechlichen Greisen werden, ist der Lauf der Dinge – es ist *Schicksal.*

Das ist es, was das Rätsel der Sphinx uns mitteilen will. Oft jedoch ist auch von einer anderen Form von Schicksal die Rede – von den sogenannten Schicksals*schlägen.* Das können Autounfälle sein, schwere Krankheiten, der Verlust eines geliebten Menschen zu einer Zeit, wo man ihn am meisten gebraucht hätte. Solche Schicksalsschläge sind *nicht* zwingend unvermeid-lich.

Wir haben bereits in einem früheren Kapitel festgestellt, dass ein lebens-wertes Leben keineswegs ein Leben ist, in dem alle Dinge glatt laufen. Wie Tierjunge, die von ihrer Mutter oft in knifflige Situationen gebracht wer-den, damit sie daraus lernen und fit fürs Leben werden, bleibt es auch dem Menschen nicht erspart, dass er unliebsame Erfahrungen macht. Trennung, Verlust, finanzielle Tiefs, unerfüllte Sehnsüchte – das alles sind Basiserfah-rungen, die dafür sorgen, dass wir zu starken Individuen werden anstatt zu verwöhnten Drohnen.

Die eigentliche Frage lautet: Wie fügen diese Dinge sich in unser Leben? Zu welchem Zeitpunkt und unter welchen Umständen finden sie statt? Als ich mit dem schlimmsten Verlust meines Lebens konfrontiert wurde – dem Tod meiner Mutter – sagte eine sehr gute Astrologin zu mir: „Sie ist zu einem Zeitpunkt gestorben, an dem es für euch beide möglich war, euch zu trennen. Vorher wart ihr eine untrennbare Einheit, aber dann begann für dich eine neue Lebensphase. Du hast jetzt die Kraft, allein zu sein."

Und so schmerzlich es auch war – ich *hatte* die Kraft. Dann wieder liest man in der Zeitung von schlimmen Dingen, die anderen widerfahren sind: Dinge, von denen man nicht mal ein Hundertstel selbst erleben möchte. Verstümmelungen, schwere Unfälle, wochenlange Folter. Und man fragt sich: Ist es wirklich nur Zufall, ein kosmisches Würfelspiel, das darüber entscheidet, was wem wann und wie geschieht?

Mit dieser Frage habe ich mich lange beschäftigt. Ich habe mir die Lebensläufe vieler Personen angesehen, die entweder „Glückspilze" oder „Pechvögel" waren. Bis ich eines Tages zu einer Erkenntnis gelangte, die fast wie ein geistiger Sonnenaufgang war: Das Stichwort heißt *Bußbereitschaft.* Das klingt jetzt sehr christlich; so ist es aber nicht gemeint. Wir müssen keine religiöse „Buße tun" für Dinge, die wir verursacht haben; solche Prozesse der Reue spielen sich in unserem Inneren ab und wirken dort intensiv genug. Mit Bußbereitschaft meine ich: Die Bereitschaft zur Korrektur meines Lebens, sobald ich hinter den Dingen, die mir begegnen, eine sinnvolle Struktur erkenne.

Man kann eine hohe Bußbereitschaft haben – also sofort wissen: Diese Angina will mir was sagen, sie hat mit meinem Leben zu tun. Oder eine niedere Bußbereitschaft, bei der man erst zwölfmal erkranken muss, bevor man sich zum Nachdenken entschließt. Oder gar keine Bußbereitschaft, indem man sagt: „Anginas kommen und gehen, sie treffen jeden, das hätte genausogut meinem Nachbarn passieren können. Die Antibiotika werden schon helfen."

Eine niedrige oder nicht vorhandene Bußbereitschaft führt dazu, dass die „Denkzettel", die man bekommt, immer heftiger werden. Zum Beispiel gibt es Menschen, deren Berufung es einfach nicht ist, Sport zu treiben und Medaillen zu gewinnen. Sie haben – genetisch gesehen – vielleicht viel mehr das Zeug zum Maler oder Schriftsteller; trotzdem fahren sie Ski. Irgendwann brechen sie sich ein Bein. Da jedoch Beinbrüche für Skifahrer etwas relativ Alltägliches sind, kurieren sie die Krankheit aus und fahren weiter. Beim nächsten Mal fahren sie gegen einen Baum, liegen eine Zeit lang im Koma, doch anstatt nach ihrem Erwachen zu überdenken, ob sie die letzten Jahre vielleicht im falschen Film verbracht haben, lauten ihre ersten Worte: „Ich will auf jeden Fall wieder aktiv werden." Dann kommt der nächste Unfall, und sie sind querschnittgelähmt. Und – was gelernt? I wo, es gibt ja noch die Paralympics.

Menschen mit einer hohen Bußbereitschaft reagieren schon auf die geringsten Beeinträchtigungen. Im Gegensatz zu den Betonköpfen, bei denen oft jahrelang alles wie im Märchen läuft, bis es dann so richtig kracht, ist es bei ihnen so, dass sie recht häufig in eher komische kleine Alltagskatastrophen geraten, über die sie einen Tag später bereits lachen können. Sie bauen sozusagen ihr Schicksal in kleinen, schmerzlosen Schritten ab – und das große, alles vernichtende Gewitter bleibt ihnen erspart. Sie machen den gleichen Fehler nicht zweimal. Wenn sie merken, dass jede ihrer Beziehungen scheitert, kommen sie von selbst dahinter, dass sie für ein Leben in Zweisamkeit womöglich der Falsche sind. Wenn sie merken, dass sie bei Wettbewerben immer wieder scheitern, folgern sie daraus, dass sie kein „Konkurrenz"-Typ sind und sparen künftig Zeit und Energie. So lässt sich „Schicksal" steuern.

The Good, the Bad and the Ugly

Die Sphinx prangt mit einem Schwert (was es bedeutet, wissen wir aus Lektion 1) über dem Rad, das symbolisch für die Bewegungen unseres Lebens steht. Die Sphinx repräsentiert somit die Tatsache, dass selbst die kleinsten Beeinträchtigungen unserer Lebensqualität kein „Kismet" sind, kein willkürlicher Zufall, sondern immer etwas mit uns selbst zu tun haben. Wenn sie ihres Amtes gut waltet – und das liegt an uns selbst – kann uns nicht viel passieren.

Zu ihren beiden Seiten befinden sich noch zwei weitere Tiere – das linke hat die Gestalt einer Schlange, das rechte soll ein Schakal sein. Bei dem Schakal, der das Rad kokett zwischen seine Hinterbacken geklemmt hat und für die Aufwärtsbewegungen sorgt, handelt es sich um den ägyptischen Gott *Anubis*. Er ist ein Sohn des Sonnengottes Ra (oder Re) und entspricht somit dem *konstruktiven* Prinzip. Bei der Schlange (verantwortlich für die Abwärtsbewegungen) handelt es sich um *Typhon*, der in der ägyptischen Mythologie für das *destruktive* Prinzip steht. Aber wir selbst – als Sphinx – sind es, die bestimmen, ob etwas, das uns geschieht, sich konstruktiv oder destruktiv auswirkt. Man beachte: Im Grunde vollziehen beide Göttergestalten die gleiche Bewegung. Was links noch als Abwärtsbewegung erscheint, wird auf der rechten Seite zur Aufwärtsbewegung, und umgekehrt. Die beiden Götter arbeiten also nicht gegeneinander, sondern Hand in Hand. Wenn wir kleine Missgeschicke als Hinweise (oder Winke des „Schicksals") deuten, werden sie zu etwas Positivem, und der große Schicksalsschlag, der unsere ganze Welt aus den Angeln reißen würde, ist überflüssig geworden.

Ein Beispiel: Wenn wir etwas Neues beginnen – eine neue Ausbildung, einen Kurs, eine neue Beziehung – und einen Tag später mit einer Grippe im Bett liegen, die uns einen „guten Start" unmöglich macht, kann dies ein Zeichen dafür sein, dass an der neuen Unternehmung etwas faul ist, und wir sollten unseren Entschluss überdenken. Tun wir es nicht, begeben wir uns womöglich in eine falsche Form, was weitere Ärgernisse zur Folge haben kann.

Wann immer wir in einer falschen Form sitzen – sei es eine Beziehung, eine Arbeitsstelle oder eine Wohnung – versucht das Leben, uns herauszuholen. Die Krankheit war nur ein erstes Alarmzeichen; wir haben sie nicht beachtet, und bald schon werden härtere Bandagen gegen uns aufgefahren. Es empfiehlt sich, zu reagieren, solange die Angelegenheit noch halbwegs schmerzlos verläuft.

Die universelle Sprache der Archetypen und Prinzipien zu erlernen (z. B. indem man sich mit Astrologie beschäftigt), ist dabei von großem Vorteil. Das Schicksal kommuniziert mit uns in seiner ganz besonderen Sprache, und die wichtigsten Vokabeln sollten wir beherrschen.

Kleines Beispiel: Hast du Kniegelenksbeschwerden? Falls ja, kann ich dir versichern, dass du in irgendeinem Lebensbereich in einer falschen, dir unangemessenen Form steckst. Zum Beispiel einer nicht adäquaten Partnerschaft. Oder einem unpassenden Job. Wenn du nachforschst, wirst du die falsche Form irgendwann ausfindig machen. Du kannst dich aus ihr lösen, und die Gelenkschmerzen werden verschwinden. Wartest du aber zu lange, wird unter Umständen eine bösartigere Krankheit dich heimsuchen, die nicht so einfach zu kurieren ist.

R-O-T-A

Auf der Karte findet sich noch eine Vielzahl weiterer Symbole aus den verschiedensten Religionen und esoterischen Systemen.

Da sind zunächst einmal die Buchstaben – sowohl lateinische als auch hebräische – am äußeren Rand des Rades. Je nachdem, in welchem Drehsinn man sie liest, lassen sich z. B. aus den lateinischen Lettern die verschiedensten Wörter formen. Da wir es mit einem Buchstabenkreuz zu tun haben, ist es am besten, wir orientieren uns an den vier Himmelsrichtungen. Fangen wir also einfach mal im Süden an und lesen im Uhrzeigersinn weiter. Wir erhalten das Wort ROTA – das ist lateinisch für „Rad", das eigentliche Thema der Karte also.

Wir können aber auch im Norden anfangen – da kommen wir im Uhrzeigersinn auf TARO(T), entgegen dem Uhrzeigersinn auf TORA. Im Westen begonnen, gegen den Uhrzeigersinn, erhalten wir ORAT, von Osten aus stoßen wir auf ATOR.

Was TAROT bedeutet, wissen wir. TORA ist der hebräische Begriff für „Gesetz" (auch die ersten fünf Bücher der Bibel werden unter diesem Namen zusammengefasst); ORAT ist lateinisch und bedeutet „spricht, redet" – und was ATOR anbelangt, so handelt es sich um eine andere Schreibweise

für „Hathor" – einer ägyptischen Muttergöttin, vergleichbar der christlichen Maria. Im Nilland galt sie als Göttin der Liebe und Harmonie.
Wir können nun versuchen, die so entstandenen Wörter sinnvoll aneinander zu reihen und zu sehen, welche Bedeutung sich uns erschließt:
ROTA TAROT ORAT TORA ATOR
Zu Deutsch: *Rad Tarot spricht Gesetz Hathor.*
Oder, stilistisch eleganter: *Das Rad des Tarot verkündet das Gesetz der Hathor (der Harmonie).*
Mit Harmonie ist hier nicht Friede-Freude-Eierkuchen gemeint. Harmonie bedeutet einfach: Das Universum strebt immer nach Ausgleich der Polaritäten. Jeder wird zu seiner Mitte geführt, und diese Mitte ist Gesundheit, Glück, innerer Friede, ein erfülltes Leben. Sobald wir die Waagschale auf einer Seite überladen, stupst uns das sogenannte „Schicksal" an, zunächst einmal sanft wie ein Reh. Erst wenn wir dickköpfig werden und uns versteifen, werden die Stupse zu Hieben, und am Ende steht – manchmal – der Tod. Anubis und Typhon sind keine Götter, die uns von oben drangsalieren, es sind Triebkräfte in unserem Inneren. Ihre Sprache zu verstehen ist eigentlich leicht, doch das Sprachverständnis der Masse leider auch nicht besonders gut entwickelt. Deshalb sind es gerechterweise wohl die Besten unter uns, die es auf lange Sicht „schaffen" werden.

Der unaussprechliche Name

Kommen wir zu den hebräischen Buchstaben. Egal, in welcher Richtung wir sie lesen, ergeben sie יהוה ausgesprochen: Jod Heh Vau Heh. Es handelt sich dabei um das sogenannte *Tetragrammaton*, den „unaussprechlichen Namen" Gottes im Alten Testament.
Der wahre Name Gottes ist auch den Juden bis heute unbekannt. Dazu muss man wissen, dass es im Hebräischen keine Vokale gibt, sondern nur Konsonanten. Das Wort „Konsonant" würde man also (allerdings von rechts nach links) KNSNNT schreiben. Die Vokale werden durch den Sprecher ergänzt, der sich an dem ihm bekannten Wortschatz sowie am Sinn des Wortes orientiert. CH LB DCH könnte also sowohl „Ich liebe dich" (in einem Liebesfilm) heißen als auch „Ach, leb doch!" (in einem Westernfilm, wo der Killer seine Knarre resigniert wieder einsteckt); BRT sowohl „Brot" als auch „breit", „Bart", „Borte" oder „Bert". Normalerweise erschließt sich die richtige Bedeutung aus dem Satzzusammenhang.
Beim Namen Gottes lässt sich natürlich gar nichts schlussfolgern – entweder man kennt ihn oder man kennt ihn nicht. Die jüdischen Hohepriester

78

kannten ihn, durften ihn aber nicht weitersagen; im Alten Testament (der hebräischen Bibel) taucht das Tetragrammaton knapp 7.000-mal auf – überall dort, wo z. B. in der Luther-Übersetzung in Großbuchstaben der Begriff HERR steht.

Traditionellerweise wird der Name Gottes wie „Jahweh" ausgesprochen, doch später begann man, die Konsonanten mit Punkten zu versehen, die auf den richtigen Vokal hinwiesen, und ein paar vermeintliche Schlauköpfe punktierten den Begriff mit den Vokalentsprechungen des Gottesnamen „Adonai" („mein Herr"), und da der erste Vokal (das a) unbetont war, würde daraus gemäß hebräischer Sprachlehre ein „e" – so kam es zu der Bezeichnung *Jehovah*, für deren Richtigkeit es allerdings nur falsche Zeugen gibt.

Der Name JHWH auf der 10. Tarotkarte weist symbolisch darauf hin, dass auch der Plan, dem unser Leben scheinbar folgt, unaussprechlich, d. h. nicht zu durchschauen ist. Man kann die Struktur des eigenen Lebens nicht in einen schlauen Vierzeiler bannen, und auch die Ratschläge anderer sind mit Vorsicht zu genießen, da sie jene Struktur nicht einmal ansatzweise kennen. Immer wieder kommt es zu anscheinend unlogischen oder gar „ungerecht" anmutenden Ereignissen – die man oft erst Jahre später, aus der Rückschau zu deuten weiß. Anders gesagt: Die Handlungsstränge, derer das sogenannte Schicksal sich bedient, sind so undurchschaubar wie das Tetragrammaton.

Eine Prise Alchemie

Wir sehen, dass auch vier der acht Speichen des Schicksalsrads mit je einem Symbol ausgestattet sind: Angefangen im Norden, sind das (im Uhrzeigersinn) die alchemistischen Zeichen für Merkur, Schwefel, Wasser und Salz.

In der Alchemie ging es darum, unedle Elemente in edlere (wie z. B. Gold) umzuwandeln. Die Alchemie ist aber auch Sinnbild für einen Veredlungsprozess des Menschen. Was wir als Schicksal bezeichnen, läutert uns, bringt uns voran, schleift und hobelt an uns herum, so wie ein Bildhauer (ob er nun mit Stein arbeitet oder mit Holz) aus einem klobigen Stück Natur schließlich etwas Perfektes erschafft. Das Gefühl, mit seiner Arbeit fertig geworden zu sein, hat er dabei – wie jeder Künstler – nur selten. Hier noch ein Millimeter, da noch ein Gramm – der Zeitpunkt der Vollendung eines Kunstwerks ist ein Mysterium. Mit dem Menschen ist es nicht anders: Solange er lernt und fortschreitet, ist er unzerstörbar. Wenn die Möglichkeiten seiner Inkarnation ausgeschöpft sind, stirbt er oder tritt – nach hinduistischem bzw. buddhistischem Verständnis – in eine neue Existenz über. Alles, was uns geschieht, ist die äußere Form eines Veredlungsprozesses, den wir selbst initiiert haben und auch selbst vollenden werden. Verlassen werden, jeden Cent zweimal umdrehen müssen, an einer Krankheit leiden – es bedeutet nichts anderes, als sämtliche Aspekte des Daseins zu erfahren, damit das Leben sich nicht als sinnlose Pleite erweist. Wichtig ist nicht das Ereignis selbst, sondern unsere Reaktion darauf – sprich, unsere Art und Weise, damit umzugehen. Viele Menschen erleben die gleichen Muster immer wieder, weil sie nicht in der Lage sind, sie zur Grundlage einer Lebenskorrektur zu machen. Sie „treten auf dem Fleck" und haben als Sechzigjährige noch die gleichen unbefriedigenden Erlebnisse wie mit zwanzig. Wer Zweifel hat, besuche das nächste Klassentreffen seines Jahrgangs.

Die vier Gestalten

An den vier Ecken des Bildes sehen wir vier Gestalten (einen Engel, einen Adler, einen Stier und einen Löwen) – und jede von ihnen hält ein Buch in der Hand. Es handelt sich um die vier Evangelistensymbole.[11] Die vier Evangelisten (Matthäus, Markus, Lukas und Johannes) sind die vier Autoren, die im Neuen Testament das Leben Jesu beschreiben (und hemmungslos voneinander abgekupfert haben), daher das Buchsymbol. Nun gilt es als kirchliche Tradition, dass die vier Autoren uns je einen anderen Aspekt der Lebensgeschichte Jesu darbieten wollen – eine Behauptung, die der Realität nicht standhält. Feststellen lässt sich allenfalls: Es geht hier um unterschiedliche Sichtweisen ein- und desselben Geschehens und somit um Vollständigkeit. Nebenher stehen die vier Evangelisten für die vier klassischen Elemente Erde, Feuer, Wasser und Luft, die wir bereits aus den Anfangslektionen kennen.

Wir stoßen also auf eine ähnliche Erkenntnis wie bei den bereits besprochenen (lateinischen, hebräischen und alchemistischen) Symbolen bzw. Schriftzeichen: Das Leben will uns vollständig machen. Und Vollständigkeit bedeutet: Lachen *und* Weinen, Freud *und* Leid, High Life *und* Zeiten der Leere, in denen wir die Chance zum Nachdenken haben. Die Bücher in

---

[11] Diesen vier Lebewesen begegnen wir auch in der Bibel – z. B. beim Propheten Hesekiel oder in der Apokalypse. Manchmal treten sie viergestaltig, manchmal vereint in einer Gestalt auf. Im biblischen Kontext zählen sie zu den Ordnungen der Engel.

den Händen der Gestalten sagen: Egal, von welcher Seite das Leben sich dir nähert, es hält mit jedem Stück „Schicksal" auch immer eine Lehre (im übertragenen Sinne: ein Evangelium) für dich bereit. Es gibt das Evangelium der Liebe ebenso wie das Evangelium der Einsamkeit. *Ich habe alles gelebt* heißt die Autobiografie der New Yorker Kunstsammlerin Peggy Guggenheim.

Für ein Leben nicht die schlechteste Überschrift.

Zusammenfassung

1. Einen Großteil unseres „Schicksals" bestimmen wir selbst – durch unser Verhalten und unsere Voreinstellung. Es gibt jedoch natürliche Entwicklungszüge – wie etwa das Altern –, die sich unserem Zugriff entziehen.

2. Es gibt keine „Zufälle" – Schicksal und Persönlichkeit haben stets miteinander zu tun. Was dir auch zustößt – du solltest den Schnittpunkt des Geschehens mit dir selbst suchen.

3. Es gibt „Betonköpfe", die erst einen richtig heftigen Schicksalsschlag brauchen, um daraus zu lernen (oder auch nicht), und es gibt Menschen mit feinsinnigen Rezeptoren, die auf jeden Wink des Schicksals reagieren und außer ein paar Alltagsschrammen nichts davontragen. Man kann in diesem Zusammenhang von einer niedrigen bzw. hohen „Bußbereitschaft" sprechen.

4. Jedes kleine Wehwehchen ist ein Hinweis auf einen inneren Konflikt – manchmal das erste Warnzeichen, auf das man reagieren sollte.

5. Du kannst dein „Schicksal" nur in Bruchstücken erkennen, das Gesamtbild ist ein Geheimnis wie das Tetragrammaton.

6. Unser gesamtes Leben ist als Verfeinerungsprozess gedacht; jeder Tag will uns auf alchemistische Weise in einen „veredelteren" Zustand überführen.

Lektion 11 - Gibt es Gerechtigkeit im Leben?

Wenn wir die Brieftasche verlieren, in denen unsere letzten Kröten steckten, nennen wir das „ungerecht". Wenn unser Nachbar – ein Säufer, der seine Frau und die Kinder vermöbelt – im Lotto gewinnt, nennen wir das „ungerecht". Wenn ein Baby den Säuglingstod stirbt, nennen wir das „ungerecht". Mit welchem Recht maßen wir uns eigentlich an, Herr über Gut und Böse zu sein und etwas, das auf dieser Welt geschieht, schlichtweg schlecht zu finden?

Gerechtigkeit ist ein dehnbarer Begriff. Für manche ist es ein Synonym für „Gleichbehandlung" – doch jeder einigermaßen erfahrene Schullehrer wird bestätigen, dass Gerechtigkeit etwas anderes ist. Es gibt sensible

GERECHTIGKEIT

Schüler, die unter jeder Disharmonie leiden und weinen, und es gibt grobe Klötze, auf die erfahrungsgemäß grobe Keile gehören. Wenn ich mir einen Kürbis kaufe, kann ich ihn auf den Gepäckträger meines Fahrrads klemmen. Eine Tüte roher Eier würde ich auf diese Weise zerstören.

Es geht nicht um die alte Gretchenfrage, was schwerer ist: Ein Kilogramm Blei oder ein Kilogramm Federn. Wichtig ist, dass die Menge (das Volumen) an Federn um ein Vielfaches größer sein muss als das von Blei, um ein Kilogramm zu ergeben. In der Physik spricht man in diesem Zusammenhang vom spezifischen Gewicht oder der *Wichte*. Jeder von uns hat – psychisch gesehen – seine eigene Wichte, und sie in seine Überlegungen einzubeziehen ist das eigentliche Geheimnis von Gerechtigkeit.

Die Waage

Die Figur auf Karte XI muss also davon ausgehen, dass sich in ihrer linken Waagschale womöglich ein völlig anderes Material befindet als in der rechten. Oder ein anderer Gegenstand. Eine andere Kreatur. Stell dir vor, du hast einen Hund und eine Schildkröte. Der Hund liebt es, gekrault zu werden, und nur um der Gerechtigkeit willen kraulst du die Schildkröte genauso oft. Nur: Die Schildkröte hat nichts davon. Reptilien machen sich nichts aus Streicheleinheiten. Gib der Schildkröte lieber ein Extrablatt Salat – das ist es, was sie haben will.

Die Gestalt auf Bild XI erweckt beim Betrachter den Eindruck von Ausgewogenheit und Harmonie. Das liegt zunächst einmal an den Farben ihrer Tracht. Rot und grün sind Komplementärfarben (d. h. sie liegen sich im Farbkreis genau gegenüber) und ergänzen sich daher besonders gut. Bezeichnend ist aber auch, dass der Grün-Anteil viel geringer ist als der Rot-Anteil, ohne dass dadurch die Harmonie gestört wird. Gerechtigkeit ist keine Frage der Menge, sondern der individuellen Dosis.

Dosis ist ein gutes Stichwort. Begeben wir uns zur Abwechslung in die Drogenszene. Angenommen, ein halbes Gramm Marihuana soll zwischen einem gewohnheitsmäßigen Kiffer und einem Neu-Einsteiger aufgeteilt werden. Drehe ich nun zwei Joints mit je einem Viertelgramm, fühlt sich der „alte Hase" benachteiligt, während ich den Neuling mit dieser Menge an den Rand eines Kreislaufkollapses führe. Du siehst: Halbe-halbe ist Kinderkram. Wahre Gerechtigkeit bedeutet nicht, herzlos gerecht, sondern manchmal von Herzen ungerecht zu sein.

Bei genauerer Betrachtung der Gestalt bemerkst du das blaue Quadrat auf ihrer Krone, das sich genau dort befindet, wo Esoteriker das Ajna-Chakra lokalisieren, das sogenannte „dritte Auge". Traditionellerweise gilt es als das Organ jenes „inneren Schauens", das Magier als Imagination bezeichnen – das Erschaffen von Bildern auf einer geistigen Ebene, die letztlich als „Blaupause" dient für das Entstehen von Formen.

In magischer Hinsicht bedeutet das: Exakt die Ursachen, die du setzt, wirst du als Wirkung erfahren. Auch das ist eine Spielart von Gerechtigkeit, wie der nächste Abschnitt zeigen wird.

Tit for Tat

Wenn du aus einer Sache viel herausholen willst, musst du auch entsprechend viel hinein investieren. Und was du ausstrahlst, das wird auf dich zurückstrahlen. Meine Tante Mathilde drückte es immer so aus: „Wenn du ein ganz großes und tiefes und inniges Problem hast, dann muss auch dein Gebet, in dem du darum bittest, ganz groß und tief und innig sein."

Sehen wir uns erfolgreiche Menschen an. Die meisten von ihnen sind Arbeitstiere, die keine Mühe scheuen, Perfektion abzuliefern. Auf der Frankfurter Buchmesse sagte einmal der Lektor eines Verlags zu mir: „Natürlich müssen wir auch gute Manuskripte zurücksenden. Die meisten Ablehnungsschreiben beruhen jedoch darauf, dass der Text entweder schlecht geschrieben oder in einer Form eingereicht wird, die jeder Beschreibung spottet. Wenn ich auf der ersten Seite gleich drei Tipp- oder Interpunktionsfehler entdecke, vergeht mir die Lust am Weiterlesen."

Viel für wenig – das ist eine Seltenheit. In der Regel entspricht die Ausbeute genau dem Einsatz. Machen wir ein ganz simples Alltagsexperiment: Wenn du das nächste Mal durch eine Einkaufspassage oder den Supermarkt gehst, versuch dich an einem Lächeln. Lass es ein ungezwungenes, unaufdringliches Lächeln sein – also keines, das von anderen als Überschreitung der Intimitätsgrenze empfunden wird. Lächle einfach ganz natürlich. Bei mir ist es dann jedenfalls immer so, dass eine Menge Leute zurücklächeln und die Gesprächsbarriere viel leichter fällt. Läufst du zorngeladen durch die Gegend, wird genau jener Zorn zu dir zurückkommen, und du gerätst vielleicht in Streitigkeiten, oder ganz einfache Dinge laufen schief. Das Leben um dich spiegelt deine Befindlichkeit exakt.

Der Vorhang

Der violette Vorhang (violett ist die Farbe der Geheimnisse und des Verborgenen) will also sagen: Wir haben alle eine sehr subjektive Vorstellung von Gerechtigkeit, deshalb erkennen oder durchschauen wir die innere Logik des Lebens meistens nicht – sie erscheint uns als Geheimnis (so wie es früher hieß „Gottes Wege sind unergründlich"). Doch hinter dem, was wir selbst als ungerecht empfinden, kann sich ein durchaus sinnvolles Geschehen verbergen. Wir aber begreifen es nicht, weil wir meist nur das Volumen der Dinge kennen, nicht aber ihre *Wichte*.

Ein Beispiel: Als Fünfzehnjähriger interessierte mich alles, nur nicht die Schule. Ich trieb mich mit (aus erwachsener Sicht) sehr zweifelhaften Elementen herum, machte meine ersten Erfahrungen mit Alkohol und gewissen anderen Substanzen, schwänzte den Unterricht und war froh, wenn ich meine Schulbücher, falls ich doch einmal danach griff, nicht erst von Spinnweben säubern musste. So kam es, dass ich nach der 9. Klasse eine Ehrenrunde drehen durfte.

Ich war entsetzt. Man konnte mir doch nicht meine Freunde und auch noch meine Zukunft wegnehmen. Nun saß ich unter lauter neuen Gesichtern und war davon überzeugt, dass das Leben mich betrogen und mit Dreck beworfen hatte. Nur so allmählich fand ich ein paar neue Freunde, die sich dann aber im Laufe der Zeit als echte Weggefährten entpuppten. Wegen ihnen beschloss ich, bis zum Abitur zu bleiben und jene coolen Tage auszukosten, in denen das Leben mich endgültig auf die richtige Fährte lockte und meine Begeisterung für Kunst und Literatur weckte.

Was dann folgte – und was ich ohne jenes vermeintliche Opfer nie hätte erleben dürfen – waren die „wunderbaren Jahre".

Zusammenfassung

1. Gerechtigkeit richtet sich nach der *Wichte* der damit in Zusammenhang stehenden Personen oder Dinge.
2. Gerechtigkeit bedeutet: Das Maß an Investition entspricht genau dem Maß an Gewinn.
3. Lächle, und die Welt lächelt zurück. Das Leben um dich spiegelt deine Befindlichkeit exakt.
4. Manchmal ist es schwer, Dinge zu begreifen, die einem widerfahren; rückblickend jedoch – aus der Vogelschau des nunmehr Unbeteiligten – erschließt sich uns ihr Sinn viel leichter.

Lektion 12 - Gehängt oder gehenkt?

Auf den ersten Blick könnte man meinen, hier sei jemand Opfer einer besonders grausamen Hinrichtungsart geworden. Simon Petrus mag uns einfallen, der christlichen Legenden zufolge mit dem Kopf nach unten gekreuzigt wurde. Ein zweiter Blick jedoch lässt uns auf Indizien dafür stoßen, dass es sich bei dem „Gehängten" auf diesem Bild keineswegs um einen „Gehenkten" handelt. Sie legen eher den Schluss nahe, dass der Protagonist sich selbst in diese etwas unbehagliche Position gebracht haben muss.

Der GEHÄNGTE

Wer es nicht glauben mag, stelle die Karte auf den Kopf, so dass man das Gesicht des Mannes besser sehen kann. Todesqualen sehen anders aus. In der Tat spiegelt sich in den Zügen des Gehängten eine Art Gelassenheit – fast schon so etwas wie Erkenntnis. Verstärkt wird dieser Eindruck durch den Heiligenschein um seinen Kopf – die meisten kennen ihn aus der christlichen Kunst, wo er um das Haupt Jesu und manchmal auch der seiner Jünger schwirrt. Diese sogenannte Gloriole ist aber auch ein religionsübergreifendes Zeichen für Erleuchtung.

Vielleicht begreift man dieses Bild besser, wenn man an den germanischen Gott Odin denkt, dem an einem Baum hängend die geheime Bedeutung der Runen zuteil wurde. Bei dem Baum handelte es sich um die Weltesche Yggdrasil, die das gesamte Universum verkörpert, und die einzelnen Runen stehen für die verschiedenen Geheimnisse dieses Universums. Mit einem Heiligenschein an diesem Baum zu hängen lässt sich also übersetzen mit: Sich zwecks Erleuchtung mit dem Universum verbinden, um dessen Gesetzen auf die Schliche zu kommen. Warum aber mit dem Kopf nach unten?

Es gibt für diesen Bildaspekt zwei unterschiedliche Deutungen – die eine hat, wie ich sagen würde, eine Menge mit Lesser Magic (niederer Magie) zu tun, die andere eher mit der von mir beschriebenen „Dritten Art von Magie" (der selbsttätigen Variante, auf die wir später noch zu sprechen kommen werden).

Hier sind sie:

Der andere Blickwinkel

Die erste – die Lesser-Magic-Erklärung – mag zunächst banal anmuten, ist es aber nicht. Sie ist vielmehr eins jener Geheimrezepte, die so naheliegend und simpel sind, dass wir sie in der Regel nicht ernst genug nehmen.[12] Dir ist es sicher schon passiert, dass jemand zu dir gesagt hat: „Betrachte die Dinge doch mal aus dem Blickwinkel des anderen." Und hast du es getan? Wahrscheinlich nicht. Du hast vielleicht fünf Minuten lang mal versucht, dich mit dem anderen zu identifizieren, wobei du aber stillschweigend davon ausgegangen bist, dass er ähnlich tickt und funktioniert wie du, und dann hast du die Schultern gezuckt und deine alte Taktik weiterverfolgt.

„Den Blickwinkel des anderen einnehmen" bedeutet viel mehr und ist eine ziemlich knifflige Übung. Ich hatte einen Freund, der in ein Mädchen verliebt war und ihr täglich zehn SMS schickte, dann zur Abwechslung mal Rosen und es so einrichtete, dass sie sich ständig irgendwo begegneten. Die Frau merkte natürlich, was da im Busch war. Aber vermeiden konnte sie es auch nicht, deshalb verhielt sie sich meinem Bekannten gegenüber immer kühler und abweisender, während er immer verzweifelter und gleichzeitig immer gieriger wurde.

Eines Tages kam es zwischen uns zu folgendem Dialog:

OF: Hast du dich schon mal in *ihre* Lage versetzt?

NN: Klar hab ich das. Hat nichts gefruchtet.

OF: Wenn du es wirklich getan hättest, *hätte* es was gefruchtet. In die eine oder andere Richtung. Wenn du Bock hast, kann ich dir ja dabei helfen.

NN: Na, dann mach mal.

OF: Okay. Du bist weiblich, 22 Jahre alt und siehst geil aus ... hey, ich sagte *weiblich*. Und du sollst dich da reinversetzen. Du guckst aber noch immer ziemlich wie ein Mann.

NN *(korrigiert grinsend seine Mimik)*

OF: Okay, schon besser. Machen wir weiter. Irgendwo in der Stadt lebt ein Typ namens N. N., der auf dich steht. Nein, das bist nicht du. Jetzt nicht. Jetzt bist du sie. Bist weiblich, 22, geil. Den Typen, der du für den Rest deines Lebens bist, siehst du jetzt nur die ganze Zeit

---

[12] Hunderte solcher Geheimrezepte – ganz einfache und auch etwas anspruchsvollere – findest du in meinem Buch *Satans Trickkiste* (Bohmeier-Verlag, Leipzig, 2009).

um dich herumschleichen, und er nervt dich. Seit ein paar Wochen hasst du dein SMS-Signal. Kannst Rosen nicht mehr riechen. Was würdest du sagen?

NN   (*nachdenklich*): Hm, ich würde vielleicht sagen, der Typ ist aufdringlich. Er hat keinen Charakter.

OF: Okay. Und du als 22-jährige Schönheit, die sich die Typen aussuchen kann – du stehst echt auf Männer ohne Charakter?

NN   (*grinsend*): Natürlich nicht.

OF: Jetzt sieht dieser charakterlose Typ aber auch nicht aus wie Hund und Sau, sondern könnte ... ganz schön verführerisch rüberkommen. Aber was müsste er da tun?

NN: Vielleicht sich ein wenig interessanter machen. Ein wenig rarer. Vor allem sich nicht ständig zum Affen machen.

OF: Angenommen, er würde plötzlich völlig das Interesse an dir verlieren. Wie würde das auf dich wirken?

NN: Na ja, ich würde mich fragen, warum. Bin ich ihm auf einmal nicht mehr hübsch genug?

OF: Du würdest dich also plötzlich ein wenig für ihn interessieren?

NN: Ein wenig, ja.

OF: Vielleicht auch ein bisschen mehr?

NN: Das würde davon abhängen, wie es weiterginge zwischen uns.

OF: Aber er wäre dir auf einmal nicht mehr total schnuppe, stimmt's? Okay, dann probier diese Strategie doch mal aus.[13]

Natürlich ist das kein Rezept mit Erfolgsgarantie. Aber zumindest ein Schritt in die richtige anstatt grundverkehrte Richtung. Was daraus noch werden kann, ist ungewiss. Das Beispiel zeigt aber: Das Betrachten einer Situation aus dem Blickwinkel des anderen dient nicht dazu, die eigenen Ansprüche in Frage zu stellen, sondern bessere Strategien ausfindig zu machen. Du musst *wirklich* in die Rolle des anderen schlüpfen, du musst

---

[13]   Diese Taktik – in die Rolle des Gegenparts zu schlüpfen – war ein wichtiger Bestandteil klassischer Rhetorik-Seminare, und ist es auch heute noch manchmal. Ein Beispiel: Vier verschiedene Teilnehmer diskutieren über die Todesstrafe. Doch ausgerechnet die Befürworter bekommen die Aufgabe gestellt, im Verlauf der Debatte gegen ihre Überzeugung zu argumentieren – und umgekehrt. Mal abgesehen davon, dass in „Konsens"-Zeiten die Todesstrafe wohl sicherheitshalber nicht mehr thematisiert wird, empfiehlt sich diese Methode zur Horizonterweiterung noch ebenso wie früher.

wirklich so denken wie er. Daraufhin werden deine Gehirnsynapsen sich ziemlich verrückt gebärden, aber du hast dich „ins System geschmuggelt". Das war der Sinn der Sache. Und genau aus diesem Grund betrachtet der Gehängte die Welt kopfunter.

Seine Bemühungen scheinen sich jedenfalls auszuzahlen. Wenn du dir das Kreuz genauer ansiehst, bemerkst du, dass aus dem Holz Blätter hervor treiben. Keine tote Materie also, sondern Natur, in der noch alles Leben steckt. Aus der neuen und ungewohnten Sichtweise entsteht etwas Vitales, entsteht Bewegung, entsteht Fruchtbarkeit.

Du hast eine Situation besser begriffen. Und du wirst mit dieser Strategie jede nur erdenkbare Situation besser begreifen und auch meistern. Eine Art von Erleuchtung auf materieller Ebene. Daher Heiligenschein und verklärter Gesichtsausdruck.

Die Runen, deren Bedeutung Odin am Baum erfasste, gelten als magische Zeichen. Sie zu begreifen – und da wären wir wieder am Weltenbaum angelangt – bedeutet, die Bausteine und Gesetze des Universums zu entschlüsseln. Das Runenalphabet in seiner Gesamtheit bildet ein in sich geschlossenes System der Welterkenntnis – ebenso wie Tarot, Astrologie oder Kabbala. Wer ihre Bedeutung *vollständig* entschlüsselt hat, ist „erleuchtet".

Interessant auch die Tatsache, dass Odin zwecks Erkenntnis tatsächlich *eins* seiner beiden Augen opferte. Diese Parabel muss wohl nicht erst erklärt werden.

Feststecken

„Der Gehängte" lässt sich auch auf eine andere Elementarform des Erlebens anwenden – auf eine Situation, die wir alle kennen: die des „Feststeckens".

Sehen wir uns den Mann noch einmal an. Kann er sich selbst aus seiner Situation befreien? Vermutlich nicht, ohne sich selbst hoffnungslos zu verknoten oder sich das Rückgrat zu brechen.

Festsitzen heißt: Es geht zunächst einmal gar nichts mehr. Irgendwo mag eine Lösung lauern, aber die ist außer Sichtweite. Man sitzt in der Falle. Man fühlt sich an Händen und Füßen gebunden. Wie einer, der in einem zwanzig Kilometer langen Stau auf der Autobahn steht, mit einem Handy in der Tasche, dessen Akku leer ist. Der Verkehr bewegt sich alle fünf Minuten um drei Zentimeter vorwärts. Aber zu Hause wartet seine Frau, die regelmäßig durchdreht, wenn ihr Gemahl nicht pünktlich erscheint.

Gegen solche Situationen ist niemand gefeit, auch der begabteste Magier nicht. Im Gegenteil: Sie gehören zum „Lehrplan", den wir alle absolvieren müssen, um nicht nur zum klugen Theoretiker zu werden, sondern dem Leben wirklich gewachsen zu sein. Also sitzen wir alle von Zeit zu Zeit in irgendeiner Tinte.

Vor ein paar Jahren, als ich noch in einer Mietswohnung lebte, kam ich mit dem „Gehängten" einmal in enge Tuchfühlung. Ich wollte nur zum Bäcker fahren, doch auf dem Weg zu meinem Wagen sprang mir der Schlüsselbund mit Auto- und Hausschlüssel jäh aus der Hand und landete zielsicher unter einer Vergitterung auf dem Asphalt. Ich hatte keine Ahnung, was sich darunter verbarg: Gas- oder Stromleitungen, vielleicht auch das Telefonnetz, ich bin da etwas weltfremd. Alles, was ich wusste, war: Mein Schlüssel befand sich jetzt im Rachen der Erde.

Normalerweise hätte ich in so einem Fall einfach bei meiner Vermieterin geklingelt, doch die war verreist. Die Studentin, die außer mir noch im Haus wohnte, hatte Weihnachtsferien. In meiner Wohnung brannte Licht, der Computer lief, die Heizung auch, und auf dem Tisch hatte ich zu allem Unglück auch noch eine brennende Kerze stehn. Nicht mal ein Amokläufer, der kopflos in die Welt flüchtet, würde seine Wohnung in einem solchen Zustand verlassen.

Doch was sollte ich tun? Zu den Energiewerken gehen, die mir wahrscheinlich erklärt hätten, dass sie wegen meines Schlüssels nicht in die Hölle hinabzusteigen gedachten – und wenn, dann nur gegen fette Kohle? Selbst mein bester Freund, der sonst für die verzwicktesten Dinge eine Lösung parat hat, schimpfte mich am Telefon einen Trottel und ließ mich mit meinem Schicksal allein.

Und so irrte ich ziellos durch die Gassen, während mein Gehirn auf Hochtouren lief. Im Geiste sah ich mich bereits als Obdachloser, der für die nächsten zwei Wochen bei seinen Eltern oder Freunden schlief und jede Nacht davon träumte, wie seine Wohnung von Flammen verzehrt wurde. Das ging mehrere Stunden lang so.

Dann kam mir plötzlich ein Gedanke: Wie tief war der Schacht eigentlich, in den mein Schlüsselbund gefallen war? Drei Meter? Tausend Meter? Ich beschloss, mit einer Taschenlampe durch die Gitterstäbe zu leuchten.

Es waren nicht mal dreißig Zentimeter. Im Licht der Laterne sah ich meine Schlüssel auf einem Schotterhaufen liegen, dann lieh ich mir vom Nachbarn einen alten Laubgreifer aus und eroberte mein Eigentum in weniger als fünf Sekunden zurück. Es war ein Kinderspiel. Es war gar nichts. Aber vor ein paar Minuten noch hatte ich geglaubt, hoffnungslos verloren zu sein.

Solche Situationen gehören zum „Drehbuch" unseres Lebens, d. h. jeder erlebt sie von Zeit zu Zeit. Klappe zu, Affe tot – so glaubt man, aber in Wahrheit wollen solche Vorkommnisse nur unsere Alltags-Routine durchbrechen und uns zum Nachdenken bringen, zum Kreativ-Werden, wozu wir in dieser Intensität nie bereit wären, wenn es nur um ein simuliertes Ereignis ginge.

Als Jugendlicher hatte ich eine sehr niedrige Zeitpräferenz, wenn es um Finanzen ging: War mein Portemonnaie ausnahmsweise einmal gut gefüllt, warf ich das Geld fröhlich zum Fenster hinaus, und erst zwei drei Tage vor dem nächsten Kahlschlag wurde mir klar, was für ein Idiot ich gewesen war. Nun war es natürlich zu spät, sich den großen Coup zum finanziellen Durchbruch zusammenzuspinnen – also saß ich meist in meiner Bude und zerbrach mir den Kopf, wie ich es schaffen sollte, die nächsten zwei Wochen zu überleben.

Das Seltsame: Irgendeine Lösung ergab sich immer. Es waren Dinge, auf die ich im gesättigten Zustand nie gekommen wäre – aber nun überschlugen sich die verrücktesten Ideen in meinem Kopf. Bis ich irgendwann checkte, dass sich hinter der Sache ein System verbarg. Heute würde ich sagen: Ich wurde vorübergehend in die Rolle des „Gehängten" versetzt, damit ich meine kleinen grauen Zellen, die in Bezug auf Geld und Sicherheit stets etwas hinterherhinkten, mal wieder so richtig trainieren musste.

In der Klemme stecken, festsitzen, nicht ein noch aus wissen – das ist in der Regel ein Kniff des Schicksals, um uns perfekter und klüger zu machen. Wenn wir anbeißen, lacht das Schicksal, schreibt uns eine gute Note ins Klassenbuch und hilft uns weiter. Wenn wir verzweifeln, kann es passieren, dass wir zu Gestrandeten werden. Das ist dann nicht mehr lustig. Denken wir also an den Gesichtsausdruck des Gehängten und an die Blätter, die an seinem Folterinstrument wachsen – und schon fühlen wir uns besser.

Regentage

Himmelsfarben sollten für uns kein Thema mehr sein. Wir wissen: gelb, das ist der Morgen, steht also für einen Sonnenaufgang, ein Erwachen. Blau ist die Mittagshitze oder der stille Abend, je nach Farbton. Welche Himmelsfarbe aber haben wir hier? Ein diesiges Grau, einen Regentag. Die meisten Menschen verabscheuen Regen. Dass er der Natur dienlich ist und überlebenswichtige Nahrung spendet, erkennen sie nur aus der Vogelschau. Was zum Thema dieser Karte passt wie die Faust aufs Auge: Notlagen mögen uns unangenehm erscheinen – sie verhelfen uns andererseits auch zu kleinen Quantensprüngen.

Die seltsame Beinstellung des Gehängten – ich weiß nicht, wie es dir geht, aber ich habe beobachtet, dass ich sie oft unwillkürlich im Schlaf einnehme – bildet wiederum ein Kreuz.

Verbindung von Oben und Unten also, Kontakt mit dem Kosmos. Erleuchtung.

Und noch eine Übung zum Abschluss: Bitte doch mal einen Freund, dir die Hände auf den Rücken zu fesseln, so wie es beim Gehängten der Fall ist. Dann geh an dein Tagwerk – essen, trinken, waschen, Türen öffnen, Treppen steigen. Du wirst dich wundern, wie kreativ du plötzlich sein kannst.

Zusammenfassung

---

1. Der „Gehängte" steht für „Erleuchtung", sprich: Erkenntnis durch Wechsel des Standpunkts.
2. „Sich in die Lage eines anderen versetzen" ist in unserer Zeit zur abgedroschenen Phrase geworden; in Wirklichkeit ist es eine hochwirksame Lesser-Magic-Technik.
3. Durch diesen Standpunktwechsel kann es dir gelingen, dich in das System des anderen zu schmuggeln.
4. Situationen, in denen wir „feststecken", machen uns kreativ und sorgen für eine rege Aktivität unserer Gehirnsynapsen.
5. Notlagen verabscheuen wir ebenso wie Regentage – doch so wie letztere der Natur dienlich sind, können verzwickte Situationen uns zu so manchem Quantensprung verhelfen.

Lektion 13 - Vom Abschiednehmen

Der „Tod" ist – beim Kartenlegen, das uns hier ja nicht weiter interessiert – eine der gefürchtetsten Karten im Tarot. Nichts scheint uns mehr zu schrecken als die Vergänglichkeit der Dinge. Aber wir haben ja bereits festgestellt: Es gibt Grunderfahrungen, die keinem von uns erspart bleiben. Und der Tod – auch wenn es absurd klingt – ist der wichtigste Mechanismus, mit dem alles Leben steht und fällt. Das Ende des Todes wäre das Ende allen Werdens.

Streng genommen ist das ganze Leben ein Kreislauf aus „Stirb und Werde". Wenn ich in eine andere Stadt ziehen will, muss ich die alte definitiv *verlassen*. Wenn ich eine Straße bauen will, muss ich Natur *zerstören*. Wer heiratet, muss *Abschied nehmen* von seinen Eltern oder den bisherigen Lebensverhältnissen als Single. Und wenn ich als Schriftsteller ein neues Buch herausbringen will, muss ich die Arbeit am Manuskript, die mir über Monate hinweg eine Menge Spaß gemacht hat, irgendwann *abschließen* und es an einen Verlag schicken. Das Sterben ist immer und überall.

Mit dem Tod haben wir so unsere Probleme. Statt zu sagen „Falls ich morgen sterbe ..." drucksen wir lieber herum und sagen „Falls mir morgen was passieren sollte ..." Onkel Urian empfiehlt in seinem Buch „Götterschmiede", sich den eigenen Tod doch mal in allen Einzelheiten auszumalen, ich bezweifle jedoch, dass allzu viele Leser seinem Vorschlag folgen. In diesem Punkt unterscheiden wir uns kaum von zwangsneurotischen Kindern, die peinlich genau darauf achten, nicht auf die Ritzen zwischen den Pflastersteinen zu treten: Gedanken an den Tod könnten ihn eventuell heraufbeschwören.

Dabei muss jede Sekunde Tod sein, um gleichzeitig zur Sekunde einer Geburt werden zu können. Ständig töten wir (Insekten unter unseren Schuhen, überkommene Gedanken, die Vergangenheit, Gefühle bei anderen), und einzig und allein dieser Kreislauf ist es, der uns eine Welt erfahren lässt, die pausenlos in Bewegung ist.

Der Tod auf dieser Karte steht für Abschiednehmen, und jeder Abschied ist ein Orakel. Wann immer du dich von etwas Geliebtem trennen musst, darfst du ganz sicher davon ausgehen, dass etwas Neues in dein Leben treten wird, für das dieser Tod unerlässlich war. Das hört sich grausam an, ist aber nur ein ganz wertfreies Gesetz. Der süße Junge, den du in der U-Bahn gesehen hast, kann nur dann Teil deines Lebens werden, wenn du in ein anderes Viertel umziehst. Den lukrativen Job kriegst du nur dann, wenn du dein schulterlanges Haar, für das du Jahre geopfert hast, der Schere anheimgibst. Manchmal kommt das Opfer, bevor wir begreifen, wozu es gut ist. Aber wir können sicher davon ausgehen, dass es für unsere Verluste einen Grund gibt. Sei es der körperliche Tod eines geliebten Menschen, eine Tür, die ins Schloss fällt, oder auch nur der Verlust eines Fünf-Euro-Scheins – stets geht es darum, Platz zu machen für etwas, das da kommen will.

Sehen wir uns den Sensenmann auf dem Bild ruhig etwas genauer an.

Die Flagge

In dem Rosenmotiv erkennen wir ein stilisiertes – und zwar „inverses", also umgedrehtes – Pentagramm. Bekannterweise stehen die fünf Spitzen des „normalen" Pentagramms für die vier Elemente (Feuer, Wasser, Erde, Luft) plus den Äther (also das Nicht-Materielle). In jenem Fall beherrscht der Geist die Materie.

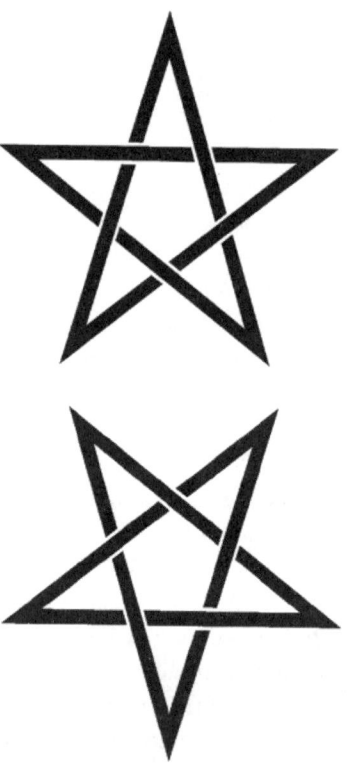

Stellen wir ein solches Pentagramm auf den Kopf, so dass die inverse Form entsteht, setzen wir demgegenüber die Materie an oberste Stelle. In diesem Fall bedeutet das: Es ist nur Vergängliches, das dem Tod zum Opfer fällt – sprich: Form. Der Inhalt ist unzerstörbar.

Heißt das: Es gibt ein Leben nach dem Tod?
Erwartest du von mir wirklich eine Antwort?
Okay.

Dann will ich ganz ehrlich sein: Bis zu meinem 47. Lebensjahr pflegte ich über Leute, die sich mit Reinkarnation oder nachtodlichem Leben beschäftigten, einfach nur zu lächeln. Meine Philosophie lautete: Unsterblich werden kann ich nur über das, was ich erschaffe, über mein Lebenswerk also. Jeder Impuls, den ich setze, wird die Weltgeschichte für immer beeinflussen, und ein anderes Leben nach dem Tode gibt es nicht.

Dann starb mein Vater, und ein halbes Jahr später meine Mutter, und es geschahen ein paar Dinge, die mir zu denken gaben. Mein stur „rationales" Weltbild geriet ins Wanken. Zumindest wurde es durch ein paar diffizile Nuancen ergänzt, die mein Weltbild vielschichtiger und interessanter machten. Damit meine ich keine Geistererscheinungen, sondern ganz reale Dinge, die anderen – mit Verlaub – ganz unreal erschienen wären.

Vor allem dämmerte mir, dass jeder, der da draußen stand und als der große Zampano entweder das Himmelreich, die Reinkarnation oder die Nichtigkeit allen Seins predigt, sich ziemlich anmaßend verhält. Die reine Physik zu predigen ist ebenso borniert wie den reinen Katholizismus zu predigen. Und was meine Lebensphilosophie anbelangt, so habe ich sie nie einem System, sondern nur meinen eigenen Erfahrungen angepasst – und bin damit immer gut gefahren.

Bin ich verdammt noch mal der erste, der genug Eier hat, um zu sagen: „Ich habe keine Ahnung, nur eine gewisse Vermutung"? Auf das Phänomen „nachtodliches Leben" werde ich in den letzten Kapiteln dieses Buches noch einmal zu sprechen kommen. Zuvor müssen wir allerdings noch ein paar Karten-Lektionen lernen.

Welt 1: Schamanen und Kinder

Die Karte teilt sich auf in vier Bildebenen, die zu einem erweiterten Verständnis des Phänomens Tod führen. Streng genommen handelt es sich um vier verschiedene Welten, die parallel zueinander existieren.

Ganz im Vordergrund befindet sich die eigentliche „Bühne", auf der etwas geschieht. Der Tod – ein Skelett in einer Ritterrüstung – reitet auf einem weißen Pferd durchs Land und sammelt seine Opfer ein: Einen erwachsenen Mann, den sein Stachel anscheinend bereits getroffen hat; eine junge Frau, die soeben aushaucht; ferner ein Kind und einen Geistlichen, die seinem Schrecken anscheinend Paroli bieten können.

Worin unterscheiden sich Kind und Kleriker vom Gros der Menschen? Zunächst einmal – wir haben ja festgestellt, dass es bei dieser Karte nicht zwingend ums reale Sterben geht. Natürlich ist auch der reale Tod einer ihrer vielen Aspekte; bei Tarot-Befragungen jedoch kann dieses Bild – je nach Kontext – auch das Verlassen des Elternhauses (zum Zweck des Selbständigwerdens) bedeuten, den Verlust des Arbeitsplatzes (damit wir uns gegebenenfalls verbessern können), oder eine Beziehung geht zu Ende, weil das Thema, das wir zusammen mit dem betreffenden Menschen bearbeiten mussten, sich erledigt hat.

Wem das zu fatalistisch klingt, der sollte bedenken: Als Mensch neigt man zu einer gewissen Bequemlichkeit. Es gibt Lebenskorrekturen, die für unseren Fortschritt notwendig sind, die wir aber niemals freiwillig anstellen würden. Abschiede gehören zu solchen Korrekturen. Um also einer Stagnation entgegenzuwirken, müssen die „Götter" sich das, was ihnen nicht freiwillig geopfert wird, selbst holen. Und so ist unser Leben durchsät mit Abschieden und Verlusten, die letztlich nichts als unsere Fortentwicklung zum Ziel haben. Die alten Griechen und Römer, die über ein ganzes Pantheon von Göttern (sprich: symbolischen Verkörperungen bestimmter Persönlichkeitsaspekte oder Lebensbereiche) verfügten, wussten das, und ihre Opfergaben waren nichts als der Versuch, den betreffenden Gott milde zu stimmen und „Schicksal" abzuwenden. Natürlich hat das auf diese banale Weise nicht immer funktioniert. Man muss oft schon radikal in sein Leben eingreifen, um den „Göttern" den Wind aus den Segeln zu nehmen.

Sobald wir Schicksal begreifen, empfinden wir Verluste nicht mehr als Zusammenbruch unserer Welt. Doch die Herde führt ein ziemlich seichtes Leben und fragt nicht nach dem Sinn der Dinge. Aus diesem Grund ist ihre Welt voll drohender Schatten. Menschen mit einer Philosophie – oder auch einer intelligenten Religion – kann so etwas nicht so leicht passieren. Sie sehen nicht nur die einzelnen Rasterpunkte, isoliert und sinnfrei, sondern erkennen das Gesamtbild.

So verwundert es nicht, dass ausgerechnet der Geistliche dem Schrecken des Todes standhält. Er steht symbolisch für alle, die das Leben nicht nur als eine Folge von Zufallsereignissen interpretieren, sondern als ein Geflecht von Inhalten, die alle miteinander zu tun haben. In anderen Worten: Auch er wird sich dem „Tod" nicht entziehen können, aber er *begreift* ihn. Als Priester ist er Vermittler zwischen Himmel und Erde, sprich: zwischen der Welt der Inhalte und der Welt der Formen. Um diesen Anspruch auch für die Geistlichen unserer Kultur gelten zu lassen, müsste man allerdings schon sehr dumm oder fromm sein. Der auf einer Beerdigungsfeier Käsekuchen mampfende „Herr Pfarrer" von Sprengel 9, dessen Zunge bei seinen Predigten über tausend Textstellen stolpert, hat mit den Schamanen der

Naturvölker, die um das Erkennen kosmischer Zusammenhänge wirklich bemüht waren, so gut wie nichts gemein.

Was ist nun mit dem Kind? Begreift es den Tod ebenfalls besser als normale Erwachsene? Oder hält es seinem Schrecken aus einem anderen Grund stand?

Ich will mich nicht auf das Niveau gewisser Barden begeben und „Kinder an die Macht" schreien – nein, das Kind steht hier, so finde ich, für eine bestimmte Kategorie von Menschen – nämlich alle, die dem Weltgeschehen mit Offenheit und unverdorbenem Blick begegnen können.

Es heißt immer, Kinder hätten die Fähigkeit, über *alles* zu staunen, aber das stimmt nur bis zu einem bestimmten Grad.

Stellen wir uns folgende Situation vor: Ein vierjähriges Kind und ein Erwachsener sitzen an einem Tisch und essen. Plötzlich hebt die Suppenschüssel ab und schwebt durch den Raum wie ein ferngesteuertes Flugzeug. Wer von beiden würde sich da mehr wundern? Doch wohl der Erwachsene. Er ist vielleicht dreißig oder vierzig, und zum ersten Mal im Leben macht er Bekanntschaft mit einer fliegenden Suppenschüssel. Das Kind hingegen wird das Phänomen mit demselben Gleichmut zur Kenntnis nehmen wie eine fliegende Hummel oder ein fahrendes Auto. Es ist noch ungebildet – aber auch un*ver*bildet. Und speichert in seinem Kopf folgende Information ab: Suppenschüsseln können manchmal fliegen, und daran ist nichts Besonderes.

Und in diesem Punkt ähneln sich Schamane und Kind: Der eine weiß um die Gesetze des Lebens und dass sie unabänderlich sind; das andere kennt überhaupt keine Gesetze und reagiert auf jegliches Geschehen mit Offenheit. Ganz kleine Kinder z. B. weinen noch nicht, wenn die Oma stirbt – sie wissen nur, sie ist jetzt nicht mehr da, und nehmen es als eine der vielen kleinen Begebenheiten wahr, denen sie jeden Tag begegnen – und mit denen sie sich abfinden müssen. Als Fünfjähriger trat ich einmal auf eins meiner Spielzeugautos, das dabei total kaputt ging, und ich brachte es meinem Vater und sagte: „Zaubere es wieder ganz." Hätte er es geschafft – ohne Nahtstellen und Klebstoff – hätte mich das kein bisschen überrascht. Erst als Erwachsene teilen wir die Phänomene dieser Welt in Realitäten und Wunder auf.

Welt 2 und 3: Die dunkle Nacht der Seele

Die zweite Bildebene wird von dem Fluss bestimmt. Flüsse als Grenzen zwischen Diesseits und Jenseits sind in der Mythologie keine Seltenheit: In

97

der griechischen Sage z. B. ist es der Styx, der das Reich der Lebenden von der Schattenwelt des Hades trennt. Das Bild ist stimmig, weil man breite Flüsse allein und schwimmend nicht überqueren kann; man braucht Hilfe, und so ist es Charon, der Fährmann, der die Verstorbenen über den Fluss geleitet.

Das Schiff auf dem Gewässer in Tarot-Bild XIII ist Charons Barke. Charons Eltern sind Nyx (die Nacht) und Erebos (die Finsternis). Und so ist es nicht selten, dass auf einen Abschied, einen Sterbefall, eine Trennung erst einmal die „dunkle Nacht der Seele" folgt – jenes Schattenreich am anderen Ufer. Dort liegt, wie wir sehen, eine Welt ohne Farben – die Bäume, die Berge, die Wiesen, alles ist von jenem fahlen Blaugrau, das auch unsere Seele erfüllt, wenn wir um etwas trauern, das wir für immer verloren haben.

Die dunkle Nacht der Seele – was ist das eigentlich? Der Therapeut Bert Hellinger schreibt: „Es ist eine Zeit, die man durchstehen muss. Alles, auf was Du Dich vorher verlassen hast, zerbricht. Dein Glaube zerbricht, Deine Erfolge zerbrechen, du verlierst den Boden." Der christliche Mystiker Johannes vom Kreuz hat diesen Zustand mit dem eines brennenden Holzscheits verglichen, das im Laufe des Prozesses dem Feuer immer ähnlicher wird. Und verzichtet man auf die christlichen Spezifika, mit denen Johannes seine Interpretation schmückt, lässt sich sagen: Die dunkle Nacht der Seele – das ist Leiden zum Zweck der Erhöhung.

Wenn wir als Kinder die Masern oder Windpocken hatten, war das eine ziemlich nervige Zeit. Man hatte Fieber, man durfte nicht raus, man träumte schlecht, und das Ganze zog sich auch noch mehrere Wochen lang hin. Doch aufmerksame Mütter erinnern sich, dass ihre Jungs oder Mädels nach einer solchen Kinderkrankheit immer ein Stück erwachsener aussahen – und sich auch so verhielten.[14] Wahre Metamorphosen finden nicht in Diskotheken oder Nachtclubs statt – dort wird allenfalls der Grundstein dafür gelegt. Der eigentliche Entwicklungsprozess erfordert Stille, Rückzug, Isolation – alles, was eine handfeste Krankheit so mit sich bringt. Eine scheinbare Leidenszeit also, die sich im Nachhinein als starker Generator entpuppt. „Wer nie sein Brot mit Tränen aß", sagt Goethe, „wer nie die

---

[14] Heute wird uns jede Chance zu einer Kinderkrankheit systematisch weggeimpft – und alle wundern sich über die vielen Erwachsenen mit unpubertierter Psyche, die da draußen herumlaufen.

kummervollen Nächte auf seinem Bette weinend saß – der kennt euch nicht, ihr himmlischen Mächte."

Es gibt einen tiefsten Abgrund der Seele. Er kann so tief sein, dass uns manchmal sogar die Tränen fehlen. Weinen wäre eine Medizin, die uns wieder ein paar Schritte nach oben führen würde, doch hier ist nur Leere. Wer je in seinem Leben eine Totenwache gehalten hat, kennt jene starre Zwischenwelt, in der wir lahmliegen und uns wie tot fühlen und sehnsüchtig darauf warten, dass in uns etwas in Bewegung gerät. Doch es kann lange dauern, bis die ersten Tränen fließen. Sie sind dann so etwas wie der erste Lichtstrahl, der in die Dunkelheit fällt.

Auf die dunkle Nacht der Seele folgt eine Morgendämmerung. Und das führt uns zu

Welt 4: Das neue Jerusalem

Die vierte Welt befindet sich zwischen den beiden Türmen rechts oben in der Mitte des Bildes. Die Türme einer Stadt ragen dort empor, und unwillkürlich denkt man an das in der biblischen Apokalypse versprochene „Neue Jerusalem". Der Name ירושלים (Jeruschalajim) bedeutet „Heiliges" – und wenn uns in weltlicher Hinsicht etwas heilig ist, dann das Leben, vor allem unser eigenes. „Neues Jerusalem" lässt sich also gleichsetzen mit „neuem Leben", und genau darum geht es – auch wenn durch den Tod, wie er auf dieser Karte symbolisiert wird, nicht das gesamte Leben erneuert wird, sondern jeweils nur ein Aspekt davon.

Aber auch ohne auf jene Allegorie zurückzugreifen, ergibt die Stadt Sinn, denn Städte stehen für Leben, für Er-Leben, für jene Buntheit, die einer Stagnation diametral entgegengesetzt ist. Ein Leben also, in dem was geschieht – Veränderung, Kommen und Gehen, Stirb und Werde. „Nimm Abschied und gesunde", schreibt Hesse.

Über der Stadt im Bildhintergrund geht die Sonne auf. Um dieses Morgengrauen zu erleben – man muss schon genau hinsehen, um es zu erkennen – gilt es noch eine Felswand zu überwinden. Sie scheint einige Stockwerke höher zu liegen als die bisherige Welt – du wirst also auf jeden Fall nach oben geführt.

Dort oben wartet ein besseres Leben auf dich – zumindest, was deine Entwicklung anbelangt. Doch es führt keine Seilbahn dorthin, kein Skilift – du musst klettern, dich abmühen, durch die dunkle Nacht der Seele reisen. Quod erat demonstrandum.

Zusammenfassung

1. Tod ist eine Voraussetzung für Geburt und Werden. Wo etwas Neues entstehen soll, muss etwas Altes dafür sterben.
2. Auch scheinbar sinnlose Verluste lassen sich im Nachhinein oft als ein „Bereitmachen des Bodens" für Neues erkennen.
3. Dem Tod kann nur die Form der Dinge zum Opfer fallen, niemals ihr Inhalt. Nach der Zerstörung der Form bleibt stets etwas zurück.
4. Um gefeit zu sein gegen die Schrecken des Todes, bedarf es einer gewissen Offenheit sowie des Willens, die Geschehnisse dieser Welt auf höherer Ebene zu begreifen.
5. Die „dunkle Nacht der Seele" lässt sich interpretieren als Leiden zum Zweck einer Erhöhung.
6. Was darauf folgt, lässt sich mit dem „Neuen Jerusalem" der Bibel vergleichen – eine Erneuerung des Lebens, ein Schritt nach vorne. Der Tod hat dafür gesorgt, dass die Dinge wieder lebendiger werden.

Lektion 14 - Die Natur verabscheut Extreme

Auf diesem Bild wird ein Geheimnis enthüllt, das sich auf viele Lebenslagen anwenden lässt. Ich schlage dir dazu ein Experiment vor: Halte *eine* Hand für ein paar Augenblicke unter den Wasserstrahl aus der Leitung. Ich ahne ziemlich genau, wonach dir danach zumute ist: Entweder die Hände aneinander zu reiben, so dass beide nass sind, oder die feuchte Hand abzutrocknen. Alles andere fühlt sich irgendwie „falsch" an.

MÄSSIGKEIT

Die Figur auf Bild XIV befindet sich in einer ganz ähnlichen Situation: Sie hat einen Fuß im Wasser stehen, den anderen an Land. So prüften wir manchmal als Kinder die Temperatur von Seen und Flüssen, bevor wir hinein tauchten. Beschlossen wir allerdings, draußen zu bleiben, begannen wir sofort die Zehen aneinander zu reiben, bis beide Füße wieder gleichmäßig feucht waren.

Ein verwandtes Phänomen kennen wir aus der Physik: Bringt man zwei gegensätzlich geladene Objekte zusammen, gleichen sich ihre Ladungen aus, und beide sind dann „neutral". Wenn ich eine Flasche halb mit gelber, halb mit blauer Flüssigkeit fülle, ist ihr Inhalt danach nicht unten gelb und oben blau, sondern gleichmäßig grün. Die Kinder aus der Mischehe eines Farbigen mit einer Europäerin sind nicht weiß mit schwarzen Punkten, sondern nussbraun. Es muss also eine Kraft in der Natur geben, die zwei unterschiedliche Polaritäten sofort miteinander „versöhnt", indem sie für einen Ausgleich bzw. eine Mischung sorgt.

Tatsächlich hieß diese Karte früher „Mischung", und das ist auch ihr eigentliches Thema. Mit „Mäßigkeit" hat sie nur im weitesten Sinne zu tun; ich vermute, hier hat jemand mutwillig eine christliche Tugend reinschmuggeln wollen. „Mäßigkeit" in diesem Sinne hieße „sich in Maßen halten", also das Potential des Lebens zu unterbieten. Wenn wir heute von „mäßig" sprechen, meinen wir meistens so etwas wie „mittelmäßig" oder noch weniger. Ein Schüler hat einen „mäßigen" Aufsatz geschrieben – und bekommt dafür eine Vier oder Fünf. Ein mäßiger Sportler kann nie zum Weltmeister, ja wahrscheinlich nicht einmal zum Bezirksmeister werden.

All das ist mit dieser Karte nicht gemeint. Sprechen wir daher lieber nach alter Tradition von „Mischung".

Das Gesetz des Ausgleichs

„Mischung" ist etwas, das in diesem Zusammenhang nicht künstlich hergestellt wird, sondern gewissermaßen von allein entsteht. In der Natur sucht sich alles seinen Pegel, auch ohne dass jemand erst messen, wiegen und umrühren muss. Im Gegenteil: Wer in diesen Homogenisierungsprozess einzugreifen versucht, verstößt gegen ein Naturgesetz.

Hier findet sich auch die eigentliche Bedeutung der alten Weisheit „Gegensätze ziehen sich an". Wenn irgendjemand ein Extrem verkörpert, ist er wie ein Magnet, der das entgegengesetzte Extrem zu sich heranzieht. Das wirkt wie Zauberei, ist aber nur gesetzmäßig. Wenn du als ängstliches Weichei durch die Gegend läufst, läuft dir garantiert ein angriffslustiger Brutalo über den Weg. Und warum folgen die fettesten Gewitter stets auf schwüle und lähmende Sommertage?

Übrigens: Wenn auf einer Tarot-Karte ein Engel erscheint, sollten wir Abstand davon nehmen, ihn auf jüdisch-christliche Weise zu interpretieren. Engel wurden in der Tradition für alles Mögliche bemüht – bis sie als pausbäckige Putten und Amoretten mit der eigentlichen Symbolik des „Himmelsboten" gar nichts mehr gemein hatten und allenfalls noch als geschmackloser Festtagskitsch taugten. Setze ich jedoch „Gott" mit dem Kosmos gleich, ergibt der „Gottesbote" wieder Sinn als Verkörperung eines der kosmischen Gesetze.

Das Gesetz auf dieser Karte lautet, anders formuliert: Alles strebt nach Vollständigkeit und Ausgleich – sogar unser Geist, und wo wir sie ihm vorenthalten, erlaubt sich das Gehirn schon mal ein paar kleine Mogeleien: Frage: Wie viele Dreiecke sind auf diesem Bild zu sehen?

Dass die Antwort „zwei" falsch ist, merken in meinen Kursen die meisten Teilnehmer und rufen dann pfiffig „eines". Doch die korrekte Antwort lautet: Gar keines.

Zumindest das „sichtbarere" der beiden Dreiecke besteht im Grunde nur aus drei spitzen Winkeln, die von unserem Gehirn zum Dreieck ergänzt werden. Viel lustiger aber ist, dass das zweite von uns wahrgenommene Dreieck (das mit der Spitze nach oben) nicht einmal angedeutet wird, sprich: definitiv *nicht* vorhanden ist. Mit so etwas Abstraktem kann unser Gehirn natürlich nichts anfangen und beginnt „auszugleichen". Was nicht da ist, wird eben ergänzt. Nachdem dieser Prozess stattgefunden hat, ist unsere Welt wieder in Ordnung. Der Zustand der „Mäßigkeit", sprich: der goldenen Mitte ist wiederhergestellt.

Auf interessante und ungewöhnliche Beispiele für jenes Gesetz des Ausgleiches stößt man, wenn man sich mit der jüdischen Kabbala und ihrem Lebensbaum beschäftigt. Dort wird die Welt in zehn Sphären[15] unterteilt, die sich auf insgesamt drei Säulen befinden, und jedes Phänomen, jede Erscheinung des Alltags lässt sich einer dieser Sphären (Sephiroth) zuordnen. Zwei gegenüberliegende Sephiroth ergänzen sich jeweils, da sie entgegengesetzte Polaritäten verkörpern. Nun lässt sich aus diesem „Baum des Lebens" z. B. ablesen, dass „Alkohol" und „Schlaf" ein solches Gegensatzpaar bilden – was ja nicht verwundert. Wer sich jemals nach einer durchzechten Nacht verkatert durch den Tag quälen musste, ohne wenigstens ein paar Stunden Schlaf genossen zu haben, weiß: Das ist die Hölle in Dosen. Hat man also über den Durst gefeiert, ist Schlaf das natürliche Heilmittel, das zum Ausgleich, zur Mischung, zur „Mäßigung" (also Abschwächung) führt.

Jeden Zustand, der diesem Gesetz des Ausgleichs zuwiderläuft, empfinden wir als unharmonisch, „einseitig", als im destruktiven Sinne extrem. Wer die Kabbala studiert, findet in ihrer Symbolik, ihren Gegensatzpaaren und rätselhaften Beziehungen Meditationsstoff für ein ganzes Leben und wird immer wieder neue, der Lebensqualität dienliche „Reparaturarbeiten" durchführen wollen. In vielen Fällen jedoch brauchen wir uns gar nicht bewusst darum zu bemühen, in unserem Leben „die gesunde Mitte" zu finden – die Natur führt uns ganz von allein dorthin.

---

[15] Der Begriff „Sphäre" ist – kabbalistisch gesehen – hier nicht ganz korrekt; ich verwende ihn der Einfachheit halber. Im eigentlichen Sinne verkörpern die Sephiroth sogenannte Emanationen, also Erscheinungsformen des Göttlichen, sprich: des Kosmos.

Die Kelche

Diese Selbsttätigkeit der Natur wird auf dem Tarot-Bild deutlich sichtbar. Der Engel ist damit beschäftigt, eine solch heilende „Mischung" herzustellen. Doch lassen wir uns nicht täuschen: Wer im realen Leben auf diese Weise versuchen würde, Wasser von einem Kelch in den anderen zu gießen, würde mindestens die Hälfte davon verschütten. Der Vorgang wirkt schon fast wie ein magischer Akt: Seltsamerweise geht kein Tropfen verloren. Zweifellos ein Hinweis darauf, dass es keiner bewussten Anstrengung bedarf, um jenen Zustand der Harmonie zu erreichen. Der lebende Organismus namens Natur sorgt für sich selbst.

Wenn ich behaupte, man müsse diesen Zustand nicht bewusst anstreben, so schließt das trotzdem nicht aus, dass man ihm bewusst *entgegenwirken* kann. Das ist es, was momentan in unserer Gesellschaft geschieht. Die natürliche Harmonisierung der Dinge wird ersetzt durch eine künstliche; zum Beispiel haben wir längst nicht mehr die freie Wahl, ein toleranter Typ zu sein; wir werden per Gesetz dazu gezwungen. Es versteht sich von selbst, dass solche Nivellierungsversuche ihren Gegenpol herausfordern, der dann mit entsprechender Vehemenz daherkommt. Nichts hat meiner Meinung nach Rassen-, Schwulen- und Frauenhass mehr geschürt als das erbärmliche Anti-Diskriminierungsgesetz der EU. Zu diesem Thema bzw. den sich dahinter verbergenden Gesetzmäßigkeiten mehr im nächsten Kapitel.

Verflixte Erleuchtung

Kommen wir noch einmal zum Thema Engel.

Engel sind keine Götter, sie sind aber auch keine Menschen. Dem symbolischen Bild des Engels am nächsten kommt der Mensch, der sich entsprechend seinen Voraussetzungen so weit wie möglich fortentwickelt hat. Fernöstliche „Meister" sprechen von Erleuchtung, und wenn du mein Buch zu Ende gelesen hast, wirst du merken, dass Erleuchtung sehr viel mit Gewährenlassen zu tun hat.

Die sprichwörtliche Gelassenheit und der „innere Friede", der erwachten Typen zu Eigen ist, beginnt mit der Erkenntnis, dass wir in einem Universum leben, in dem die Dinge selbsttätig zum Ausgleich gelangen, sofern wir sie nicht zu blockieren oder korrigieren versuchen. Wann immer es im Laufe der Geschichte Schwierigkeiten gab, waren sie auf ein ungerechtfertigtes Eingreifen des Menschen in die Natur der Dinge zurückzuführen. *Panta rhei* – „alles fließt" – lehrte der Philosoph Heraklit. Wenn wir in einem fließenden Bach einen Damm errichten, kann er über die Ufer treten; und wo wir künstliche Windungen konstruieren, verliert der Fluss seine natürliche Kraft. Die großen Erleuchteten wussten das schon immer, aber was sollten sie ausrichten, in einer Welt, die seit jeher von Unerleuchteten regiert wird?

Engel lassen sich begreifen als Menschen auf einer höheren Oktave. Was dabei unter „höher" zu verstehen ist, ist Interpretationssache. Fernöstliche Religionen sehen im bedürfnislosen Menschen den höchsten Ausdruck von Evolution; meine Auffassung weicht davon deutlich ab. Die höchste Stufe des erlebenden Menschen – die „Engelsstufe" – ist meines Erachtens gekennzeichnet durch die Fähigkeit zur optimalen Bewältigung des Lebens-Spiels mittels subjektiver Methoden, von denen es keine Rolle spielt, wie real oder unreal sie sind. Jede Ideologie, jedes unverrückbare Weltbild ist bereits eine Mausefalle.

Als nächstes mag die Erkenntnis folgen, dass die Welt der Formen, in der wir uns wiederfinden, keineswegs die „wahre" Welt sein muss. Was wir als Realität empfinden, ist nur unsere Interpretation des Geschehens und von jener Interpretation qualitativ in hohem Maße abhängig. Wir werden später einige Gedankenexperimente machen, die genug Zündstoff in sich bergen, um unser gewohntes Weltbild ins Wanken zu bringen.

Zwei Sonnen

Auf der Karte sind zwei Sonnen zu erkennen. Die eine leuchtet im Hintergrund zwischen zwei Hügeln hervor, die andere prangt auf der Stirn des Menschen/Engels/Erleuchteten, und beide strahlen sie förmlich um die Wette. Man spürt die Verbindung zwischen Subjekt und Universum. Es sind die ersten Hinweise auf die zunächst verwirrenden Botschaften der letzten drei Tarot-Karten im Spiel. Der erleuchtete Mensch hat sich von seinen Verhaftungen gelöst. Er ist in der Lage, das Weltgeschehen und das Weben seines eigenen Schicksals aus der Vogelperspektive zu sehen – oder warum meinst du hat der Engel sonst Flügel?

Eine Sonne im Bildhintergrund – hatten wir das nicht schon mal? Klar, bei Karte XIII, dem Tod. Nur dass wir uns jetzt sozusagen auf der „anderen Seite" der Szenerie befinden – also *jenseits* des Todes. Auf der Todeskarte stand die Sonne im Osten, war also definitiv eine aufgehende Sonne. Der Hintergrund eines jeden Todes ist Geburt. Hier steht die Sonne im Westen, geht also unter, und was da gestorben ist, war unser Verhaftetsein an Dinge, die sich letztlich als Illusion erwiesen. Hätten wir unser Leben anders gedacht, wäre es anders verlaufen. Jetzt stehen wir da, mischen das Leben neu, und haben vor allem die Chance, unser fertiges Produkt mit Erkenntnis zu mischen. Aus zwei mach eins (gleichseitiges Dreieck) in einer materiellen Welt (Quadrat). Wir finden diese Symbole am Gewand des Engels ebenso wie das bereits bekannte Tetragrammaton יהוה (vgl. Lektion 10). Der Name JHWH steht auch hier für die vier Elemente, die vier Farben des Tarot, die vier Großen Engel (Michael, Gabriel, Rafael und -? Wer ist nun der vierte? Mehr darüber in Lektion 15) als die vier großen Bindeglieder zwischen der Welt der Formen und der Welt der Inhalte.

Spiele ruhig ein wenig mit den Symbolen dieser Karte herum. Fällt dir zum Beispiel auf, dass man sie auch in drei horizontal verlaufende Ebenen unterteilen kann? Unten die beiden Füße, in der Mitte die Kelche, oben die Sonne der Erleuchtung? Welchen Entwicklungsweg kannst du darin erkennen?

Ich quatsche dir jetzt nicht mehr dazwischen. Als Kind hast du vielleicht manchmal gesagt „Mama, ich geh jetzt spielen", und deine Mutter sagte „Mach ruhig."

Schließlich wusste sie ja: Spielen ist Lernen.

Zusammenfassung

1. Als Teil der Natur streben wir alle nach Ausgleich und Nivellierung; Extreme verabscheuen wir.

2. Unser Gehirn ist ständig damit beschäftigt, Sinneseindrücke so zu interpretieren, dass unsere Welt „in Ordnung" bleibt. Ein gutes Beispiel dafür sind optische Täuschungen.

3. Um die „Mitte" zu finden, müssen wir uns nicht bewusst anstrengen. Gegebenenfalls führt das Leben uns von selbst dorthin.

4. Der Engel symbolisiert eine Vorstufe zum erleuchteten Menschen, wie er in den Lehren fernöstlicher Mystiker beschrieben wird: Die Polaritäten sind noch nicht aufgehoben, aber harmonisiert, d. h. miteinander ausgesöhnt.

5. Karte XIV zeigt den Zustand *nach* dem Tod. Das Leben wird neu gemischt. Ob es sich auf Karte XIII und XIV jeweils um Sonnenaufgänge bzw. -untergänge handelt, ist eine Frage der Perspektive, d. h. Es kommt darauf an, wo du dich noch oder bereits befindest.

Lektion 15 - Das Böse ist immer und überall

Hattest du schon mal eine Vergewaltigungsfantasie? Egal, ob als Täter oder Opfer? Oder einen Traum, in dem jemand gewaltsam über dich herfiel oder du das mit jemandem getan hast? Falls ja, so ist das ein Zeichen dafür, dass du noch richtig tickst. Der unverbildete Sexualtrieb ist Teil unserer Natur wie Hunger, Durst oder Heimweh. Und was im realen Leben nicht möglich (weil strafbar, unschicklich oder mit Angst behaftet) ist, leben wir oft ganz zwanglos auf anderen Ebenen aus.

Der Teufel steht – kurz gesagt – für Dinge, die aus jenem Gleichgewicht geraten sind, wie es auf Bild XIV dargestellt wird. Ich hatte erwähnt, dass man den Zustand der Imbalance durchaus bewusst wählen kann – zumindest für

Der TEUFEL

eine gewisse Zeit, bis die Natur sich ihr Recht zurückerobert. Das tut sie – wie wir in der nächsten Lektion lernen werden – oft auf sehr brutale Weise.

Was wir „unsere Abgründe" nennen – also Neid, Gier, Hass, Eifersucht und Perversionen – sind häufig das Resultat eines uns „verordneten" Ungleichgewichts seitens der Moral, der Konventionen und – seit neuestem – der „Political Correctness". Wir dürfen keine Feindbilder mehr haben, doch gerade diese Ächtung einer durch und durch menschlichen Regung führt zu einer Pervertierung unserer Gefühle.

Ein paar Beispiele: Es sind nicht die impulsiven Typen, die sich eines Tages eine Knarre schnappen, um ihre ganze Familie auszulöschen. Es sind nicht die lebhaften und gelegentlich etwas raubeinigen Schüler, die irgendwann zu Amokläufern werden. Wie oft lesen wir in der Zeitung: „Der Täter galt in seinem Bekanntenkreis als ruhig, höflich und zurückhaltend." Oder: „Er hatte Kontaktschwierigkeiten." Man analysiere das Wort „zurückhaltend" – es wird etwas *zurückgehalten* in jemandem, wie Wasser an einem Staudamm. Wenn die Kraft des Wassers groß genug wird, bricht der Damm. Und dann kommen nicht nur ein paar müde Tropfen.

Ein aktuelles Beispiel für die Pervertierung von Trieben auf Grund ihrer Unterdrückung sind die himmelschreienden Ferkeleien, die sich Jahrzehnte lang in den Sakristeien katholischer Kirchen zugetragen haben. Der Zölibat

zwingt erwachsene Männer dazu, ihren Sexualtrieb gewissermaßen abzutöten – doch das funktioniert nicht. Der Trieb sucht sich nur ein anderes
Spielfeld – und die ständige intime Nähe zu halbwüchsigen Ministranten,
die natürlich keine Kinder mehr sind, sondern bereits männliche Attribute
vorzuweisen haben, führt dann unweigerlich zu Übergriffen. Ich mag das
Wort „Kindesmissbrauch" nicht – es hört sich an, als gäbe es auch einen
„Kindes*gebrauch*". Tatsache jedoch ist: Alte autoritäre Pfaffen haben werk-
tags junge Knaben begattet, nur um am darauffolgenden Sonntag nach alter
christlicher Tradition die Unbeflecktheit des Körpers als Tempel des Heili-
gen Geistes zu predigen. Der „Teufel", den sie auf ihren Kanzeln verdammten, hauste längst in den Kelleretagen ihrer Köpfe und Genitalien.
Wo das vermeintlich Gute zum Programm wird, entsteht selbsttätig das
sogenannte Böse. Was wir lieben *müssen* anstatt es lieben zu *dürfen*, das
werden wir bald hassen. Was wir als Freund oder Feind wahrnehmen, lässt
sich nicht von oben steuern. Anti-Diskriminierungsgesetze und „Gender
Mainstreaming" sind die debilen Versuche psychologisch unbedarfter Ama-
teure, auf gewaltsame Weise eine gewaltlose Welt zu erschaffen, eine Welt
ohne Ecken und Kanten, in der jeder sich für eine große Nummer halten
darf. Als Homosexueller gehöre ich selbst einer Minderheit an; doch die
„aufgeklärten" Typen, die sich dafür einsetzen, selbst in Zeichentrickfilmen
wie „Arielle, die Meerjungfrau" das typisch heterosexuelle Moment zu
entschwächen, sind für mich Unpubertierte, mit denen ich nichts zu tun
haben will. Und auch Politiker glauben seit geraumer Zeit, sie könnten
einen Hund von seinem Hunger befreien, indem sie ihm die Schnauze zu-
binden.

Die bösen Buben (und Mädels) der Bibel

Kain: Ob biblische Geschichten als Kitsch oder als Lehrstück rüberkommen, hängt stark von der Interpretation bzw. der Gesinnung des Interpreten
ab. Nehmen wir etwa die Story von Kain und Abel: In der christlichen Exegese ist Abel der Gute und Kain das Schwein. Nach den Hintergründen
fragt keiner: Abel hatte keine Probleme damit, dem blutdurstigen Jahwe ein
Lamm zu opfern. Kain verschonte die Tiere und brachte lieber Feldfrüchte
dar – nur um sich dafür auch noch anpfeifen lassen zu müssen. In keiner
Zeile steht erklärt, was er eigentlich falsch gemacht hatte. Verwundert es
da, dass sein Hass sich auf den umtüttelten Bruder richtete, den er als Folge
davon ins Jenseits beförderte?

Zeitgemäße Parallelen lassen sich leicht entdecken – ganz aktuell am Beispiel eines Deutschland im 21. Jahrhundert, wo jeder in eine intolerante (und manchmal sogar faschistische) Ecke gestellt wird, der es wagt, eine kulturfremde Religion zu kritisieren, in der es als okay gilt, Ehrenmorde zu begehen, Mädchen zu steinigen, nur weil sie Jeans oder Miniröcke tragen, Frauen und Schwule als Menschen zweiter Klasse zu behandeln und ein Buch als heilige Schrift zu verehren, in dem ganz unverblümt zur Verfolgung und Tötung Andersgläubiger aufgerufen wird.

Solange konstruktive Kritik an sogenannten Minderheiten ein Delikt ist, solange wird destruktive Kritik in Form von Gewalt gegen „Ausländer" (als Sammelbegriff) stattfinden. Eine bedauerliche Tatsache, aber auch die klare Botschaft von Karte XV.

Alles Sakrosankte reizt zum Sakrileg. Dieses Kain-und-Abel-Syndrom kennen z. B. auch Kinder, die von ihren Stiefmüttern oder -vätern gegenüber deren leiblichen Kindern benachteiligt werden. Der Hass richtet sich dann häufig nicht gegen die Verursacher, sondern deren Günstlinge, und gewalttätige Übergriffe sind dann nur noch eine Frage der Zeit.

Isebel: Eine Prinzessin aus Phönizien, die im Alten Testament den israelischen König Ahab ehelicht und mit einer anderen Religion als dem jüdischen Monotheismus in Berührung bringt. Ahab wird zum Konvertiten – und Jahwe schäumt vor Wut und lässt Isebel aus einem Fenster stürzen, so dass ihr Körper zur Mahlzeit streunender Hunde wird. Welch souveräner Gott.

Isebel verstieß ebenso gegen den „Konsens" ihrer Zeit wie im Mittelalter die „Ketzer" und heutzutage diejenigen, die unbequeme politische Fragen stellen. Und was im alten Israel zum Hundefraß bzw. ein paar Jahrhunderte später in der „Eisernen Jungfrau" zu Tode gequetscht wurde, verliert heute seinen Job, seinen Ruf, sein Ansehen, wird zur Eva Herrmann. Es hat sich nicht viel geändert in den letzten 4.000 Jahren.

Judas Ischariot: Gilt als die verruchteste Gestalt der Bibel, weil er angeblich seinen „Meister" verriet. Aber könnte es nicht ebenso gut möglich sein, dass er sich als einziger die Fähigkeit behielt, zu erkennen, dass sein Guru nach und nach dem Wahnsinn verfiel und seine nicht gerade kleine Anhängerschar mit Sprüchen wie „Tut wohl denen, die euch hassen" oder „Sorget nicht für den morgigen Tag" gezielt ins Unglück führte?

Das Christentum in jenen Tagen war eine sogenannte Sekte – wie heute Scientology oder die Kabbalisten. Sekten sind eigentlich nichts als kleinere Glaubensgemeinschaften, und es kommt schon mal vor, dass einer ihrer

Führer dem Größenwahn verfällt oder totalitär wird oder einfach nur noch Schwachsinn labert. Falls einer seiner Jünger es bemerkt, ist es für ihn wohl am klügsten, dem Guru Adieu zu sagen und den anderen Flachschädeln ihr Recht auf Entmündigung einfach zuzugestehen. Judas Ischariot machte den Fehler und sprach es laut aus. Er sagte zu den Hohepriestern: „Der Typ hat vermutlich einen Dachschaden. Am besten, ihr stellt ihn auf eure Weise ruhig."

Ich möchte nicht wissen, wie vielen Sektenführern jener Tage es ähnlich ergangen ist – dass einer ihrer Anhänger den faulen Zauber bemerkte und dann etwas dagegen zu unternehmen versuchte. Nur spricht von denen heute keiner mehr – weil diese Sekten alle auf der Strecke blieben. Das Christentum hingegen fand einen cleveren Manager namens Paulus und ein paar Charakterschweine wie König Konstantin und wurde zur Weltreligion. Und für die ist Judas natürlich auch heute noch die Inkarnation des Bösen. Stellen wir uns vor, ein unzufriedener Scientologe würde ein Attentat auf David Miscavige[16] begehen. Für alle jetzigen und künftigen Scientologen wäre er mit Sicherheit die schlimmste aller nur denkbaren Un-Personen, dem Rest der Welt jedoch ziemlich schnuppe. Und Jesus war auch nur ein antiker Miscavige. Gäbe es heute keine Christen mehr, würde Judas von der ersatzweise herrschenden Religion womöglich als derjenige gefeiert werden, der die Welt vor einem ungesunden Masochismus bewahrt hat. Oder wäre – was wahrscheinlicher ist – längst in Vergessenheit geraten.

Wir sehen – das Böse ist stets Interpretationssache. Die von der katholischen Kirche festgelegten „sieben Todsünden" z. B. haben mit dem Bösen nichts zu tun – allenfalls mit dem Trieb des Menschen. Streng genommen gibt es nur eine einzige Todsünde – die Verleugnung des eigenen Wesens samt ihrer unglückseligen Konsequenzen.

Machen wir uns also weiter auf die Suche nach dem Bösen.

Satan?

Die Legende um den gefallenen Engel Satanael ist faszinierend, in ihrer christlichen Interpretation allerdings auch albern: Der prachtvollste aller Engel mutiert zu einem ziegenähnlichen Geschöpf, an Hässlichkeit nicht zu überbieten, und muss in einem feurigen Schlund namens Hölle hausen. In

---

[16] Nachfolger des verstorbenen Scientology-Gründers L. Ron Hubbard, der heute die Organisation leitet.

einem Märchenbuch für Kinder wäre das ein spannender Plot; stattdessen wird es erwachsenen Christen noch immer als Tatsachenbericht verkauft. Die Gestalt auf Bild XV zeigt also eigentlich nicht Satan, sondern das, was die christliche Tradition sich unter Satan vorstellt.

Das Bild verrät eine Menge über die Attribute, die in der symbolischen Figur des Teufels vom Christentum personifiziert und „verteufelt" wurden. Zum Beispiel: Die Gestalt auf Bild XV hat Hörner. Hörner sind etwas, das wir nur aus dem Tierreich kennen, und zwar bei paarungswilligen Böcken. Oder: Der Teufel hat übermäßig behaarte Schenkel (was bei Menschen ebenfalls eher selten vorkommt, aber ich kenne ein paar Frauen, die es geil finden). Der Teufel hat keine Füße, sondern Klauen. Der Teufel hat einen Bart.

Hier lohnt es sich wieder, einen Abstecher in die Welt der astrologischen Prinzipien zu machen – genauer gesagt, zur Symbolkette des Widders: Bart, Zähne, Nägel, Haare – all das sind Relikte aus einer Zeit, in der Menschen noch wie Tiere lebten, sich ihre Nahrung selbst rissen und an kaum etwas anderes dachten als an Überleben und Arterhaltung. Diese Art Mensch, verkörpert im Prinzip des Widders, gibt es in reinrassiger Form nicht mehr – aber sie steckt noch immer in uns allen. Wahrscheinlich kommt im Zuge der Evolution irgendwann der Tag, an dem sich auch unsere Kopfbehaarung zurückbilden wird (schließlich gibt es Mützen), unsere Nägel immer kleiner und weicher werden (wir müssen ja keine Beute mehr erlegen, Fleisch gibt's beim Metzger), die Barthaare spärlicher ausfallen (mit Schals und Pelzen überlebt man auch die härtesten Winter), und was unsere Gebisse anbelangt, sind die bei den meisten Menschen ohnehin schon ziemlich desolat.

Wir leben zwar im 21. Jahrhundert, trotzdem sind einige dieser Ur-Eigenschaften bei uns noch rudimentär vorhanden. Doch wir haben bereits die Phase erreicht, in der unsere Muskeln im Alltag, wenn wir stundenlang vor unseren Computern sitzen, sich nach und nach zurückbilden – und wir in spezielle Studios gehen oder irgendwelche Mittelchen schlucken müssen, um sie wieder aufzubauen. Das Ergebnis hat optisch nur selten mit dem zu tun, was Frauen wünschen. Ein Mann, dessen Körper von Sport oder Arbeit gestählt ist, lässt sich schon von weitem ganz deutlich von einer Anabolika-Schwuchtel unterscheiden. Doch wie dem auch sei: Dünne Ärmchen und Beinchen, kein Bartwuchs, verkümmerte Nägel – gut möglich, dass der Mann des 30. Jahrhunderts so aussieht.

Liebe versus Sex

Der Teufel auf Bild XV ist der Mensch mit seinen Urtrieben, rau und unge-schlacht. Zwischen seinen Hörnern sehen wir das inverse, also umgekehrte Pentagramm, dem wir in seiner stilisierten Form als mystische Rose bereits auf Bild XIII, dem Tod, begegnet sind. Wir wissen also, worauf dieses Symbol hinweist: Das Geistige wird dem Materiellen, das Spirituelle dem Weltlichen untergeordnet.

Auf zwischenmenschlicher Ebene verkörpert sich das Materielle in der Fleischeslust, das Geistig-Spirituelle eher durch überpersönliche Liebe und Treue zu einem festen Partner. Beides muss sich nicht ausschließen – es kann sich auch in der Beziehung zu ein- und demselben Menschen abspie-len (ein Idealzustand, der z. B. gemessen an der Dauer von ehelichen Be-ziehungen leider auf wackligen Beinen steht) als auch durch ein Span-nungsverhältnis zwischen Liebe einerseits und Sex andererseits. Wir gehen dann eben mal fremd, haben einen One-Night-Stand oder vergnügen uns im Puff. Doch egal – wenn wir nach Hause kommen, brennt ein Licht am Fenster.

Worum es geht, ist der gesunde bzw. ungesunde Umgang mit dem eigenen Triebleben. In einer dauerhaften Beziehung kann es leicht passieren, dass die Lustbefriedigung sich abnutzt. Nach zwanzig Jahren ist man einfach nicht mehr so geil auf den Körper des anderen wie in den ersten Wochen, und das hat sicher seinen Sinn. Nur: Der Drang nach sexueller Befriedi-gung, die sich jetzt nur noch woanders finden lässt, besteht natürlich wei-terhin. Irgendeinen Grund muss es ja haben, dass fast 60 Prozent aller ver-heirateten Männer gewohnheitsmäßig onanieren.

In den meisten Weltreligionen wird jene natürliche Triebkraft dämonisiert, also tatsächlich mit dem Leibhaftigen identifiziert. Überdies wird der Teu-fel „in uns" auch verantwortlich gemacht für Verbrechen, Morde, Verge-waltigungen und andere Gräuel. Was natürlich eine Prise Wahrheit enthält – wenn man die Erkenntnis einbezieht, dass jener „Teufel", ebenso wie der legendäre Satan, nur ein unterdrückter Engel ist, dem die Flügel gewaltsam gestutzt wurden.

Hört man sich Tondokumente von Personen wie z. B. Anneliese Michel an, die gemäß kirchlicher Auskunft von Dämonen „besessen" waren, hat man tatsächlich vorübergehend das Gefühl, in einer anderen, düsteren Welt ge-landet zu sein, in der nur Hass und Abscheu regieren. Die Patienten fau-chen, zischen, spucken und fluchen, was das Zeug hält; die Laute, die aus ihren Kehlen dringen, klingen tierisch-guttural und keineswegs nach

Mensch. Studiert man anschließend ihren biografischen Background, so stößt man regelmäßig auf ein bigottes Elternhaus, eine streng katholische Erziehung, oder – wie bei Anneliese Michel – auf religiös motivierte Halluzinationen (ihr soll am Wallfahrtsort Engelberg die Gottesmutter erschienen sein). „Ich bin verdammt, weil ich Gott nicht dienen wollte", „Ich bin verdammt, weil ich meines Amtes schlecht gewaltet habe", schreit sie immer wieder, während zwei Priester sie zu exorzieren versuchen.

Arthur Rimbaud schildert in seinem Gedicht „Die Erstkommunion" die nächtlichen Qualen eines Mädchens, das von seinen Eltern im Sinne eines Bußaktes der Kirche geweiht und zu ewiger Keuschheit verdonnert wurde[17]:

Es kann nicht mehr, das Kind. Sie krümmt sich mit Gejammer,
strampelt im Laken, reißt den Vorhang auf und windet
den ausgezehrten Körper. Ach ... nur etwas Kühle in der Kammer,
damit die Fieberglut von Bauch und Brüsten schwindet.[18]

Graham Greene schrieb einmal: „Ich habe erkannt, dass Katholiken zum Bösen fähiger sind als irgendwer." Und aus meinen Studientagen weiß ich, dass viele Seminaristen gepeinigte Seelen sind, neurotisch, unsicher, von Schatten verfolgt. Wenn der Alkohol ihre Zungen löste, erzählten sie ihr Leben oft in Form von düsteren Geschichten, die alles übertrafen, was ich aus Horrorfilmen kannte. Die Mysterien der Kirche sind so konzipiert, dass sie diejenigen, die an sie glauben, zu grässlichen Ungeheuern machen können. Wo jede Stunde am Tag der Frömmigkeit gewidmet ist, lauern die Bestien im Kleiderschrank. Und solange die jesuanische Botschaft von der Gefühlsverirrung gelehrt wird, solange das Wort „ficken" in der Presse noch immer verschämt mit „f*****" umschrieben wird[19], solange schöne nackte Menschen als Geschmacksverstoß gelten, fettleibige Menschen in bauchfreien T-Shirts jedoch nicht, so lange wird es auch Gewalttaten, sexuelle Übergriffe, in anderen Worten: den „Teufel" geben.

---

[17] Eine Praxis, die in der katholischen Kirche lange Zeit an der Tagesordnung war.

[18] Aus: Arthur Rimbaud, *Die Erstkommunion* (Les Premières Communions). Deutsche Nachdichtung: Oliver Fehn.

[19] Vielleicht gab es ja sogar eine Zeit, in der man „k*****" schrieb anstatt küssen; warum zum Teufel aber schrieb man nie t**** anstatt töten, nie q***** anstatt quälen, nie f****** anstatt foltern? Was zum Teufel ist an Sex so viel schlimmer als an Gewalt?

Gefangen

Wenn wir die dunklen Seiten unseres Wesens nicht ausleben, werden sie böse und versklaven uns. Dann ähneln wir dem Menschenpaar auf diesem Bild, festgekettet an einen Kubus, Sinnbild der materiellen und fleischlichen Welt, beherrscht von den Krallen des Engels, der zum Teufel wurde. Man sehe jedoch genauer hin: Allzu fest sitzen die Ketten an den Hälsen des Menschenpaars nicht. Sie ließen sich mühelos abstreifen. Dazu müssten die beiden nur ihre Hände bewegen, sprich: handlungsfähig sein.

Der Schwanz des Mannes (ich rede nicht von dem Schrumpfpenis, mit dem der Zeichner ihn gestraft hat, sondern von dem echten Schweif in seiner Lendengegend) ähnelt einem Blatt vom Baum der Erkenntnis, und auch die Frau hat einen Schwanz in der Form eines Blattes vom Lebensbaum. Zusammen stehen beide Bäume – wie ich es auch in meinem Buch „Das verlogene Paradies"[20] dargestellt habe – für eigenes Wollen (unabhängig von den Weisungen externer Götter) und eigenes Handeln (Realitätserschaffung, Lebensgestaltung, Magie). Der Mensch, der von beiden Bäumen gegessen hat, ist „erwachsen" geworden. Er hat seine eigenen Prioritäten und lebt danach. Seine Aufgabe ist es, sich nicht von religiösen oder moralischen Vorstellungen versklaven zu lassen, sondern „sein Ding durchzuziehen".

Auf dem Handteller des Teufels erkennen wir das astrologische Zeichen für „Saturn". Der Saturn ist in unserem Leben das formgebende, begrenzende Prinzip, das wir häufig nur in seiner pervertierten Ausprägung als Disziplinierung, Einschränkung, als die „mageren Jahre" im Leben erfahren.

Reichen wir jedoch dem Teufel die Hand (sieh auf die Karte und stell es dir bildlich vor), sehen wir dieses Zeichen von der anderen Seite, auf dem Kopf stehend also – und es verwandelt sich (dreh die Karte um) wie durch Zauberei in das astrologische Zeichen für Jupiter – die Fülle, das Wachstum, die Reichhaltigkeit, das Glück.

Wie sagt schon Oscar Wilde? „Der einzige Weg, eine Versuchung loszuwerden, besteht darin, ihr nachzugeben."

---

[20] Oliver Fehn, *Das verlogene Paradies,* Edition Esoterick, Siegburg, 2009.

Zusammenfassung

1. Das sogenannte Böse ist der natürliche Gegenpol zu dem, was wir getreu gesellschaftlicher Vereinbarung als „gut" definieren. Wo das „Gute" – wie in unseren sterilen Tagen der Political Correctness – verordnet wird, bricht sich das „Böse" oft gewaltsam seine Bahn.

2. Wenn wir die „bösen" Gestalten der Bibel genau unter die Lupe nehmen, entpuppen sie sich als Menschen mit ganz normalen Triebfedern, die nur vor dem Hintergrund der jeweiligen Moralvorstellungen böse erscheinen.

3. Was eine Gesellschaft als „böse" empfindet, ist Definitionssache. Wenn der Mord an einem Menschen grundsätzlich zu verurteilen ist – was wäre dann mit jemandem, der Hitler noch vor seiner Machtergreifung umgebracht hätte?

4. Menschliche Attribute, die noch an das Tierreich erinnern, verkümmern in unseren Tagen immer mehr. Dennoch sind uns viele Ur-Instinkte erhalten geblieben, von denen man uns erzählt, sie seien böse.

5. Das Unterdrückte kann sich – wie im Fall von „Besessenen", die fast immer aus frommen Familien stammen – auf so perverse Weise Bahn brechen, dass es uns wirklich fratzenhaft, dämonisch und „nicht von dieser Welt stammend" erscheint.

6. *„Der einzige Weg, eine Versuchung loszuwerden, besteht darin, ihr nachzugeben."* (Oscar Wilde)

Lektion 16 - Reinigende Gewitter

Bibelfesten Lesern mag beim Betrachten der Karte die Geschichte vom Turmbau zu Babel einfallen. Für alle, die sie nicht kennen: Kurz nach seiner Erschaffung beschloss der Mensch, einen Turm zu bauen, der sogar die Grenzen des Himmels übersteigen sollte. Da zerstörte der Gott des Alten Testaments den Turm, verstreute die Menschen über die ganze Erde, und damit sie kein zweites Mal ein solches Komplott schmieden würden, sorgte er für Verständigungsschwierigkeiten durch unterschiedliche Sprachen.

Der TURM

Ein Schlüsselbegriff zum Verständnis dieser Geschichte scheint mir das „Überschreiten von Grenzen" zu sein. „Sky is the Limit" heißt es in einer amerikanischen Redensart, wobei der Begriff Himmel sinnbildlich steht für etwas, das wir auf Grund der uns von der Natur gesetzten Grenzen gar nicht überschreiten *können*. Und Grenzen sind uns überall gesetzt – dem einen mehr, dem anderen weniger. Unsere Begrenzung beginnt bereits mit unserer Körperlichkeit. Jeder hat eine bestimmte Größe, eine bestimmte Gewebedichte, ein bestimmtes Maß an körperlicher Kraft, ein bestimmtes Aussehen. Manche Menschen etwa – und daran wird kein Chancengleichheits-Sozialismus dieser Welt etwas ändern – kommen hässlich zur Welt. Ihre Begrenzung besteht also darin, dass sie z. B. nicht die nächstbeste Disco aufsuchen und mit zwei süßen Girls an jeder Hand nach Hause gehen können. Wenn sie diese Begrenzung nicht begreifen, betreiben sie ihren eigenen Untergang.

Komme ich z. B. mit einer Behinderung zur Welt, muss ich diese Behinderung als meine natürliche Begrenzung anerkennen. Danach kann das Drehbuch meines Lebens alle möglichen Wendungen nehmen – eine Karriere als Spitzensportler jedoch ist im Plot nicht vorgesehen. Ich kann mich womöglich zu den Paralympics melden, aber ich halte das für keine gute Idee, ausgerechnet auf einem Gebiet tätig werden zu wollen, das die Natur mir von vornherein nicht als Option anbietet. Meine eigentliche Begabung kann nicht dort liegen, wo meine Form als Verkörperung des Inhalts mir eigentlich einen Strich durch die Rechnung macht. Hätte Stephen Hawking, anstatt Physiker zu werden, lieber die Weltmeisterschaft im Rollstuhl-Badminton angestrebt, wäre der Welt ein großartiger Wissenschaftler verloren gegangen.

Da Begrenzungen subjektiv sind, ist es ratsam, jedem Individuum seine speziellen Aufstiege und Untergänge nicht wegzunehmen, denn nur an ihnen kann er wachsen. Der Vereinheitlichungswahn, der seit EU und Globalisierung um sich greift, drängt jedoch genau in die andere Richtung. Jeder soll alles können und dürfen, und alle sollen sie den gleichen Grenzen unterworfen sein. Von einer Einheits-Weltsprache schwärmen manche, andere betreiben massiv die Aufhebung der Geschlechter. Die Abschaffung der freien Meinungsäußerung wird der Bevölkerung als „Konsens" verkauft, das Verpanschen kultureller Eigenheiten als „Multikulti", wir haben *eine* Währung und bald wahrscheinlich nur noch *ein* Schulsystem. In einer solchen Treibhausatmosphäre halten lebendige Menschen es nicht lange aus. Und wenn wir die Story vom Turmbau zu Babel nicht als fromme Erbauungsgeschichte begreifen, sondern als Mythos, der dem Urwissen der Menschheit entstammt und sich in abgewandelter Form auch in den Büchern anderer Religionen findet, können wir frei nach Nick Knatterton sagen: „Kombiniere: Der große Crash steht nahe bevor."

Bild XVI im Tarot lässt keine Zweifel offen, worum es geht: Der Turm war einst ein Fels, wurde dann behauen und geschliffen, bis er glatt, ohne Ecken und Kanten, ohne die verspielten Ornamente der Natur war. Die dargestellte Szene zeigt den Moment des Zusammenbruchs, in der die Natur gewissermaßen „zurückschlägt". Die beiden Gestalten werden, getroffen vom reinigenden Blitz, dorthin zurück befördert, wo sie angefangen haben und im Prinzip auch hingehören: An den unbearbeiteten, natürlichen Fuß des Felsens.

Vor ein paar Jahrzehnten war die Welt eigentlich auf einem guten Weg. Wir lebten in einer liberalen Gesellschaft, zwanglos, tolerant und vital. Dann passierte, was in jedem Betrieb passiert, wo Menschen für Optimierungen bezahlt werden, obwohl bereits alles optimal ist: Statt Verbesserungen kam es zu Verschlimmbesserungen, die Aufwärtsbewegung wich einer Sinuskurve, die skurrilsten Ideen wurden salonfähig, und aus einer lebens- und liebenswerten wurde eine „schöne neue" Welt, die Huxleys dunkelste Fantasien überstieg. Immer öfter musste das vermeintlich „Gute" als Entschuldigung für die Beschneidung von immer mehr Freiheiten herhalten. Den Schulkindern wird diese Diktatur inzwischen als Normalität verkauft. Gleichzeitig regt sich – etwa in tausend Internet-Foren (bezeichnenderweise auch solchen, die nicht nur von Debilen frequentiert werden) – ein wütender Widerstand, vor allem in Deutschland, das zu Unrecht immer als europäisches „Musterland" verkauft wird. Und schon bald wird es krachen, aber so richtig.

Das, was wir „Schicksal" nennen, wird uns immer wieder zurück auf unsere Mitte korrigieren – auch gewaltsam, auch brutal, sofern wir auf leisere Hinweise nicht reagieren.

Der Bodybuilder Greg Valentino z. B. wollte die dicksten Muskeln der Welt haben und schluckte Anabolika ohne Ende. Eines Tages, als seine Oberarme bereits einen Umfang von 80 Zentimetern (!) erreicht hatten, machte es unvermutet Plopp, Blut spritzte aus seinem Arm, und der Bizeps flutschte ihm regelrecht aus der Haut. Dem Mann waren buchstäblich die Arme explodiert – nur, weil er sich hartnäckig geweigert hatte, seine Begrenzung anzuerkennen.

Harmlosere Beispiele kennt jeder aus seinem eigenen Leben: Ich z. B. bin es gewohnt, als Autor hart zu arbeiten, und bewege mich manchmal an den Grenzen zum Workaholic. An manchen Tagen schreibe ich 4.000 Wörter – entschieden zu viel. Und regelmäßig während solcher Perioden passiert es mir, dass z. B. mein Computer crasht und ich eine mehrtägige Zwangspause einlegen muss. Einmal bekam ich auch eine massive Bindehautentzündung, die es mir unmöglich machte, auch nur zu blinzeln. Mein Auge war wie zugeklebt. Unsere Vorfahren wussten schon, wovon sie redeten, wenn sie von Schutzengeln sprachen.

Zweiundzwanzig Luftballons

Das Turmbild hat für mich etwas Erfrischendes. Die quälende Hitze ist vorbei, Regen und Sturm regieren das Wettergeschehen. Aus Geschichtsbüchern lernen wir, dass es stets reinigende Gewitter waren, die die Welt in ihrer Entwicklung voranbrachten. Die Französische Revolution, der deutsch-deutsche Mauerfall, der Zusammenbruch des Sowjetregimes – wo es zu Verkrustungen kommt, zu Stagnationen und Stenosen, gibt es immer einen Punkt, an dem die Stauung sich entlädt und der natürliche Zustand wieder hergestellt wird.

Was gegen die Natur des Menschen verstößt, hat keine Chance auf Bestand. Katastrophen (sofern sie nicht vom Menschen selbst induziert wurden) sind immer Korrekturen. Auf überpersönlicher Ebene lässt sich der Sinnzusammenhang oft nur schwer erschließen, im täglichen Leben jedoch genügt ein wenig Wachheit, um zu erkennen, dass lange bevor es zum Ausbruch der

Katastrophe kam, gewisse Dinge im Argen lagen – und sich auch bemerkbar machten.

So verspüren viele Menschen so etwas wie „innere Unruhe", ehe es in ihrem Leben zum großen Breakdown kommt. Die Schilddrüse kocht. Das Nervensystem rebelliert. Panikattacken treten auf. Der gesamte Organismus versucht zum Ausdruck zu bringen, dass wichtige Dinge ins Extrem geraten sind. Doch anstatt zu reagieren, lassen wir uns Psychopharmaka verschreiben.

Der Blitzstrahl, der in den Turm einschlägt, erzeugt eine Menge Funken, die zusammen mit den beiden Gestalten zu Boden wirbeln. Zählen wir nach, sind es genau 22 – die Zahl der Karten im Tarot. Da jede Karte für ein bestimmtes Lebensgesetz steht, bedeutet das: Die 22 Gesetze werden den beiden Menschen auf ihrer Reise nach unten sozusagen „nachgerufen" – weil sie gegen eins oder mehrere davon verstoßen haben müssen.

Verstöße im Sinne von Karte XVI können die verschiedensten Erscheinungsformen haben, doch allen ist ihnen gemein, dass eine empfindliche Grenze erreicht wurde, die nicht überschritten werden konnte, so dass nur die Einbahnstraße zurück („Back to Nature") in Frage kam. Das Märchen vom Fischer und seiner Frau gibt in diesem Zusammenhang eine Menge Aufschluss. Dass die Frau nicht für ewig und drei Tage im Essigkrug leben will, ist nachvollziehbar. Jeder will was aus seinem Leben machen. Delikat wird es, wenn unsere Wünsche der Sinnlosigkeit anheimfallen. Besitz z. B. ist nur sinnvoll, wenn ich für ihn eine Verwendung habe. Mäste ich mein Bankkonto aber so, dass ich drei Leben bräuchte, um alles Geld auszugeben, handle ich töricht. Ein Wolf reißt immer nur so viele Schafe, wie er zum Überleben braucht. Der Mensch reißt ein wenig mehr, da er außer zu überleben auch noch ein paar Delikatessen auskosten will, und auch das ist völlig okay. Trotzdem gibt es einen Punkt, an dem das Anhäufen von Besitz völlig hirnrissig wird.

Vor kurzem gab es im Supermarkt zu jedem Kasten einer bestimmten Biersorte ein Glas Senf gratis. Da meine Freunde und ich eine Kiste schon mal an zwei Tagen killen, hätte ich nach kurzer Zeit einen eigenen Schrank nur für die Senfgläser kaufen müssen, die ich auf diese Weise einheimste. Also nahm ich den kostenlosen Senf nach dem zweiten Kasten einfach nicht mehr mit. Wozu auch? Ich hatte keine Verwendung für so viel Senf. Viele tendieren jedoch dazu, sobald es etwas umsonst gibt, sich über ihre eigenen Verwertungsmöglichkeiten hinaus damit einzudecken. Hauptsache, Schnäppchen.

Der Blitzstrahl

Den „Blitzstrahl Gottes" (sprich: des Kosmos) sollte man auf keinen Fall religiös-tendenziös interpretieren. Einen Tag, bevor ich dieses Kapitel schrieb, vernichtete in der Stadt Monroe (Ohio) ein Blitzstrahl eine 19 Meter hohe Jesus-Statue. Hätte der Blitz an einem Versammlungsort für Satanisten eingeschlagen, hätte es an Interpretationsversuchen von christlicher Seite wohl nicht gemangelt. So aber kam nur Schweigen.

Der „göttliche Blitzstrahl" auf Karte XVI hat nichts mit der Einhaltung religiöser Gebote jedweder Art zu tun; er ist ein Instrument des Kosmos, das für die Einhaltung der Naturgesetze sorgt. Wenn es zu viele Lemminge gibt, stürzen sich umso mehr vom Felsen. Wenn es zu viele Blattläuse gibt, wird es entsprechend viele Marienkäfer geben, die sie wegfressen. Wenn die Sommerhitze unerträglich wird, ist der erste Donnerschlag nicht weit. Wenn eine Tiermutter mehr Kinder zur Welt bringt als sie großziehen kann, werden zwei oder drei auf der Strecke bleiben. Wenn der Wasserdruck gegen einen Staudamm zu groß wird, bricht er.

Psychologische Bedeutung

Das Bild vom Staudamm bringt mich auf eine weitere Bedeutung von Karte XVI – nämlich zu Situationen, bei denen innere Dämme brechen. Esoterisch ausgedrückt, befindet sich hinter jenen Dämmen die Welt der „Schatten".

In jeder Sekunde unseres Lebens stehen wir vor einer bzw. mehreren Entscheidungen. Auch du jetzt. Friere diesen Moment einmal ein. Du sitzt da und liest mein Buch. Eine der Entscheidungen, vor denen du stehst, lautet: Soll ich weiterlesen oder aufhören? Hörst du z. B. auf, könnte die nächste Entscheidungsfrage lauten: Soll ich fernsehen oder schlafen gehen? Entscheidest du dich fürs Fernsehen, fragst du dich vielleicht: Gucke ich das Fußballspiel oder die Komödie? Und so weiter.

Natürlich sind das alles kleine und relativ belanglose Fragen – und es gibt viel gewichtigere Dinge im Leben, die mit viel gewichtigeren Entscheidungsfragen zu tun haben. Doch wie auch immer: Bei jeder Wahl, die du triffst, sagst du zu einer Sache Ja, zur anderen Nein. Und alles, was du in den Nein-Bottich wirfst, wird Bestandteil deines Schattens – der Dinge also, die du dem Licht des Tages vorenthältst und der Dunkelheit der Nacht übergibst. Nach einiger Zeit ist der Schatten, den du auf diese Weise wirfst, ziemlich groß geworden.

Auf der Turmkarte haben die beiden Personen ihrem Bauwerk eine Krone aufgesetzt – zweifellos ein Zeichen von Überheblichkeit. Sie haben die von ihnen getroffene Wahl zum herrschenden Prinzip erhoben, zur Majestät. Der Punkt, an dem sie gegen die Naturgesetze verstoßen haben, war Selbstüberschätzung, und der Gegenpol wurde zum Schatten. Wir können nun *vorhersagen* (und die Karte bestätigt es), auf welche Weise dieser Schatten Gestalt annehmen wird: Durch einen Fall in die Tiefe. Durch ein „Zurechtstutzen" der Selbsteinschätzung. *The higher they climb, the harder they fall.* Den Teil von dir, den du nicht lebst, bekommst du als äußeres und oftmals unliebsames Ereignis serviert. Und seine Qualität lässt sich grundsätzlich vorhersagen: Wenn dein Leben vier ergeben soll und du nur drei lebst, wirst du *eins* vom „Schicksal" draufbekommen. Wenn dein Leben 121 ergeben soll, und du 172 lebst, zieht dir das Schicksal 51 ab.

Wenn du ein Junkie bist und jeden Tag mit einem Joint beginnst und mit einem Joint beendest, ist dein Leben zu 100 Prozent Rausch. Was wirst du also bekommen? *Ernüchterung.* In Form von unangenehmen Realitäten, eines unangenehmen Jobs, in Form von kühlen, profanen Dingen, wie keiner sie schätzt.

Wenn du wie der jemenitische Boxer Naseem Hamed nicht nur alle Kämpfe gewinnst, sondern deine Gegner zusätzlich mit deinen fiesen Manierismen verhöhnst, kommt irgendwann ein Marco Barrera und prügelt dich so durch den Ring, dass du kein weiteres Mal zu einem Kampf antreten wirst.

Bist du jemand, der vorwiegend aus seinem Intellekt lebt, nur rationale Schlüsse zieht und emotionale Bewertungen nicht zulässt – dann wird irgendwann etwas geschehen, dass dich in einem Tränenmeer ertrinken lässt. Oder das scheinbar „Übernatürliche" kommt in dein Leben, um dich zu verunsichern.

Solange du ungesunde Extreme lebst, kommt immer irgendwann der Tag, an dem die Bombe hochgeht.

Kleiner Trost am Rande

Natürlich muss der Blitz, der in dein Leben einschlägt, nicht immer für Verwüstungen sorgen. Es gab mal einen alternden Künstler, der sich in seinen Schmollwinkel zurückzog und mit der Welt da draußen nichts mehr am Hut hatte. Die Freunde, die ihn anriefen, mussten ein verabredetes Klingelmuster ertönen lassen, damit er überhaupt ans Telefon ging, und selbst die Frühstücksbrötchen ließ er sich vom Nachbarn mitbringen.

Klar, dass auch in seinem Leben sich irgendwann ein Blitz entlud – in diesem Fall jedoch in Form einer bezaubernden Person, in die er sich verliebte und die ihn wieder mit hinaus ins Leben schleppte.

Vielleicht ist ja die Liebe der mächtigste Blitz von allen. Weil sie im Gegensatz zu anderen Blitzen nicht für ein vernichtendes Unwetter, sondern für sanften Frühlingsregen sorgt.

Zusammenfassung

1. Je stärker die Extreme, in die wir verfallen, umso brutaler die Korrekturmaßnahmen des Universums. Manchmal ist es, als würde ein zerstörender Blitz in unser Leben einschlagen – in Wahrheit ist es der Versuch, zu heilen, was noch zu heilen ist.
2. Verkrustungen und Versteinerungen – also Bereiche unseres Lebens, in dem keine Bewegung mehr stattfindet – sind besonders blitzgefährdet.
3. Ständige „innere Unruhe" kann der Vorbote einer Katastrophe sein.
4. In welchem Turm lebst du? In einem Elfenbeinturm? In einem Turm der Anmaßung und Selbstüberschätzung? Spürst du ihn manchmal wanken, während du schläfst?
5. Die Natur tut so ziemlich alles, um die Einhaltung ihrer Gesetze zu gewährleisten. So entsteht der „göttliche Blitzstrahl".
6. Jede Entscheidung, die du triffst, hinterlässt einen „Schatten" im Sinne dessen, wofür du dich *nicht* entschieden hast. Diese Schatten sind nicht tot, sie schlafen nur – und werden zu gegebener Zeit auf ihr Recht pochen.

Lektion 17 - Das Reich der Rohformen

Der STERN

Im weitesten Sinne geht es auf dieser Karte um Zeugung, paradoxerweise aber auch um den Prozess des Nicht-Zeugens. Um das plausibel zu machen, eine kleine Geschichte, die von meiner Freundin Stella handelt, die mich kürzlich besuchte und aufgeregt erzählte:
„Hör mal, gestern vor dem Einschlafen habe ich mir vorgestellt, Sex mit Sascha zu haben. So richtig intensiv und farbig. Dann ist mir eingefallen, dass du immer schreibst, was man sich in allen Details vorstellt, wird sich verwirklichen. Das Problem dabei ist, ich will in der Realität gar keinen Sex mit Sascha haben."
„Da hast du dich aber ganz schön in die Klemme manövriert." Ich grinste. „Vergiss es, war nur ein Witz. Hast du dir schon mal vorgestellt, stinkreich zu sein, in deiner Traumvilla zu wohnen und mit dem geilsten Mann der Welt verheiratet zu sein?"
Ihre Augen wanderten umher. „So in etwa, ja."
„Und? Wohnst du schon in der Villa? Hat der Typ schon bei dir angeklopft? Platzt dein Bankkonto schon aus allen Nähten?"
Sie lächelte. „Bis jetzt nicht."
„Hm, vielleicht ein Indiz dafür, dass doch nicht alles wahr wird, was wir uns vorstellen."
Sie sah mich ratlos an. „Dann schreibst du in deinen Büchern also Zeug, das gar nicht stimmt?"
„So ist es auch wieder nicht. Zwischen Tagträumen, Wünschen und Erschaffen besteht nämlich ein gewaltiger Unterschied."
Um ihr das zu verdeutlichen, zeigte ich ihr die 17. Tarotkarte „Der Stern", die traditionell als die Karte unserer Träume und Wünsche gilt. Wir sehen darauf eine Frau, die Wasser aus zwei Krügen gießt – das eine in ein Gewässer, vor dem sie kniet, das andere auf eine Blumenwiese. Und genau dieses Bild-Detail ist der Schlüssel zum Verständnis besagten Unterschiedes.

Tagträume, Wünsche und Magie

Das magische Erschaffen von Realitäten wäre eine riskante und ziemlich lästige Sache, wenn alles, was im Laufe eines Tages durch unser Hirn geistert, sich in Realität verwandeln würde. Mein Freund, der Teufel zum Beispiel wäre stinksauer auf mich, weil er sich nicht mehr retten könnte vor all den Leuten, die ich schon zu ihm geschickt habe. Zum Glück gibt es da eine eingebaute Notbremse.

Tagträume – und so manchem mag jetzt ein Stein vom Herzen fallen – werden solange Tagträume bleiben, bis DU beschließt, dass sie zur Realität werden; vorher wird sich nichts tun. Wenn du es also – wie meine Freundin Stella – reizvoll findest, dir spaßeshalber Sex mit einem Typen oder einer Frau vorzustellen, die im „echten Leben" überhaupt nicht in die Tüte kämen, mach ruhig. So leicht lässt sich die Schicksalswerkstatt nicht übertölpeln.

Wenn ich Wasser zu Wasser gieße, begehe ich eigentlich eine sinnlose Handlung – das heißt: Ich bin dabei nicht konstruktiv tätig. Ich *spiele*. Spielen ist ein ebenso wichtiger Bestandteil des Lebens wie Arbeiten. Der Unterschied: Beim Arbeiten entsteht etwas Konkretes, beim Spielen nicht.

Das Wasser, mit der die Frau das Erdreich begießt, zeitigt Früchte, die wir in Form winziger Blumen auf dem Rasen sehen können. Die *Tätigkeit* als solche ist in beiden Fällen die gleiche; nur ist sie einmal zielgerichtet, das andere Mal nicht. Wenn wir das auf unsere „inneren Bilder" übertragen, wird uns klar, dass es sehr wohl eine Rolle spielt, ob wir uns etwas „nur" vorstellen oder ob wir eine Blaupause, eine Rohform für das Leben erschaffen. Zu letzterem bedarf es zusätzlich einer *Absichtserklärung*.

Du kannst sagen: „Ich stelle mir jetzt vor, berühmt zu sein, und will auch, dass es sich verwirklicht." In diesem Moment schlüpfst du in das Gewand des Magiers und setzt in der realen Welt Kräfte in Bewegung, die dir und deinem Anliegen entgegenkommen.

Du kannst aber auch sagen: „Ich stelle mir jetzt mal vor, wie es *wäre*, berühmt zu sein, aber verwirklichen soll sich das nicht; ich bin froh, dass ich meine Ruhe habe."

In diesem Fall wird nichts geschehen.

Um diese unterschiedlichen Arten von „inneren Filmbildern" voneinander zu trennen, wurde die Ritualmagie erfunden. Durch rituelle Handlungen, den Einsatz bestimmter Objekte und eine feststehende Zeremonie markierte man den Erschaffungsprozess bzw. konditionierte das Bewusstsein darauf, nur im Rahmen jener sichtbaren Merkmale das Entwerfen von Vorstellungsbildern als Magie zu interpretieren. Nehmen wir das Bild der „Zeugung" wieder auf, so benutzen wir im einen Fall ein Kondom, im anderen nicht.

Da Zeugung das Leitmotiv der Karte ist, spiegeln sich in der Frau mit den beiden Krügen auch die beiden Spielarten von Sexualität: Wasser auf Land bedeutet, der Sexualakt dient der Fortpflanzung, ein Kind wird gezeugt. Wasser auf Wasser, das ist die weitaus üblichere Form von Sex, deren Ziel es einfach ist, Spaß zu haben, Lust zu empfinden, im Orgasmus sexuelle Spannungen abzubauen. Beides wohnt unserem Wesen inne – wir wollen einerseits unbedingt unsere Gene weitergeben, andererseits einfach nur geile Nächte erleben. Um die Vorstellung zu goutieren, bei jedem Sexualakt ein Kind zu zeugen, müsste man schon sehr katholisch sein.

Bei jedem Zeugungsakt – sei es nun die Befruchtung der Eizelle durch Spermien, oder das Erschaffen einer Realität in der magischen Ritualkammer – entsteht etwas Neues, daher die 8 als Anzahl der Sterne, die wiederum jeder achteckig sind. Doch nur einer der acht Sterne hat sich sozusagen „entzündet", wurde mit der Schwarzen Flamme befruchtet, hat eine reale Farbe angenommen. Die anderen bleiben blass, farblos, ungeboren in der Welt der Möglichkeiten.

Man kann sich die Verwandlung von Möglichkeit in Realität tatsächlich wie die Geburt eines Sterns vorstellen: Eine Gaswolke (die wir als „Nichts" empfinden, da gasförmige Objekte sich der optischen Wahrnehmung entziehen) verdichtet sich, und es entsteht ein Gebilde mit einem festeren Aggregatzustand.

Die Welt der Möglichkeiten ist im wahrsten Sinne des Wortes unendlich. Unsere Zukunft ist also nicht festgeschrieben; sie besteht aus einem Multiversum von nur als Rohform existierenden Parallelwelten, und es liegt an uns, für welche dieser Welten wir uns entscheiden. Jede Entscheidung schränkt natürlich die Anzahl an Folgemöglichkeiten ein, bleibt aber dennoch unendlich groß. Das ist das Seltsame an der Unendlichkeit, dass sie nicht teilbar oder multiplizierbar ist. Mathematisch gesprochen: Zwischen den Ziffern 1 und 2 befinden sich unendlich viele Dezimalstellen, doch zwischen 1 und 3 sind es gefühlsmäßig doppelt unendlich so viele.

Die Frau auf dem Bild ist nackt, d. h. sie befindet sich in einem Zustand der schicksalsmäßigen „Unschuld", in dem alle denkbaren Möglichkeiten ihr offenstehen. Eine bekleidete Person z. B. hätte bereits eine Wahl getroffen, die sämtliche nun folgenden Optionen auf diejenige Anzahl eingrenzen würde, die – symbolisch gesprochen – mit dieser Art von Kleidung kompatibel sind. Beispiel: Ich kann mich dazu entscheiden, zu heiraten oder ledig zu bleiben. Wenn ich ledig bleibe, wird die Frage, ob ich mich kirchlich oder nur standesamtlich trauen lassen soll, hinfällig. Sie gehört nicht mehr zu den in Frage kommenden Optionen.

Wenn ich ein Kind zeuge, und es wird ein Junge, brauche ich nicht mehr darüber nachzugrübeln, ob es Gisela oder Johanna heißen soll, und wenn ich nach Südeuropa umsiedeln will, fallen Schweden und Dänemark automatisch durch den Raster. Jede Zeugung von Realität führt mich also an einen Scheideweg, und ich muss in die von mir gewählte Richtung weitergehen. Deshalb ist es für mich als Erschaffendem unerlässlich, stets auch die Konsequenzen meines Handelns zu bedenken. Wenn zwei Rohformen nicht miteinander vereinbar sind, ist es töricht, nach beiden zu streben.

Wie real sind Phantome?

Die Haarfarbe der Frau ist identisch mit der Farbe des „befruchteten" Sterns. Anders ausgedrückt: Der Zündfunke zur Erschaffung von Realität entsteht in deinem Kopf. Und wie es in deinem Kopf aussieht, so auch in der Welt, in der du lebst. In deinem Kopf ist die geheimnisvolle Schicksalswerkstatt, in der es brodelt, kocht und qualmt. Schwer nachvollziehbar mag dabei die Tatsache sein, dass die dort entworfenen Bilder bereits Realität sind, ehe sie Form werden.

Kennst du die kleinen Bilder aus Kinder-Rätselheften, in denen man mit dem Bleistift Zahlen verbinden muss, so dass man zuletzt ein Pferd, einen Baum, eine Kutsche gezeichnet hat, ohne es bewusst angestrebt zu haben? Die Realitäts-Rohform entspricht einem dieser noch unbearbeiteten Bilder, in dem die Zahlen zwar noch nicht verbunden, aber bereits vorhanden sind. Das heißt, das Objekt ist bereits als Möglichkeit gegeben; es ist auf einer unsichtbaren Ebene schon vor-erschaffen, aber trotzdem noch nicht Form geworden. Erst wenn ich die Zahlen verbinde, sehe ich: Aha, eine Kutsche. Der „Schöpfer" des Rätsels hätte es mir natürlich vorher sagen können, weil diese Kutsche das von ihm angestrebte Ergebnis war.

Magie heißt also: Die Realität wächst in eine unsichtbare Rohform hinein, die ebenfalls bereits Realität ist – nur auf einer anderen Ebene. Wenn zwei Elefanten sich paaren, wird stets ein junger Elefant dabei herauskommen, nie ein Meerschweinchen. Und einer Eidechse, die ihren Schwanz verliert, wird an dieser Stelle stets ein neuer Schwanz nachwachsen, niemals ein Bein oder ein Kopf.

Der englische Biologe Rupert Sheldrake spricht von sogenannten *morpho-genetischen Feldern*. Das sind – salopp ausgedrückt – unsichtbare Form-vorgaben, der sich die Natur gewissermaßen fügen muss. Wir können uns Realitätserschaffung wie einen Kristallisierungsprozess vorstellen. Ist das Muster einmal festgelegt, hat das Schicksal keine Chance mehr, etwas an-deres zu kreieren. Die „Phantome" in unserem Kopf sind also nicht nur sehr real, sondern – sofern es sich nicht nur um Tagträumereien handelt – auch sehr verbindlich.

Die Wahrheit über „Wunder"

„Durch ein Wunder" habe jemand einen Verkehrsunfall überlebt, liest man oft in der Zeitung. Doch diese Formulierung ist nicht präzise. Überlebt jemand einen Verkehrsunfall, dann war für ihn eben nur der Schreck vorge-sehen, nicht der Tod. Die Notwendigkeit dieses Schreckens resultiert aus einer komplizierten Verquickung von Ereignissen und Handlungsmustern der Vergangenheit, die sich nur subjektiv erschließen lassen. Trotzdem passiert es auch dem Magier oder zumindest Magie-Anfänger recht häufig, dass er den Erfolg einer Operation als „Wunder" missdeutet.

Der Frau auf unserem Bild z. B. gelingt es, mit dem rechten Fuß auf dem Wasser zu stehen. Das mutet *wundersam* an, ist es aber nicht – die Körper-haltung lässt sich trainieren. Wenn die Frau versuchen würde, aufzustehen und auf dem Wasser zu laufen, würde sie gewiss versinken. Auch Jesus ist garantiert nie über den See Genezareth gewandelt. Wo die Naturgesetze beginnen, hört alle Zauberei auf.

Auch mit Hilfe von Magie lassen sich keine Wunder bewirken. Du kannst dir wünschen, eine bestimmte Person wäre jetzt bei dir – aber selbst wenn du erfolgreich bist, wird sie sich nicht aus dem Fußboden manifestieren, sondern – getreu den Naturgesetzen – an deiner Wohnungstür klingeln und warten, bis du öffnest. Und selbst die Mutter, der es gelingt, ein Auto anzu-heben, weil ihr kleiner Sohn darunter eingeklemmt ist, hatte dieses Potenzi-al schon immer in sich; wenn es darum gegangen wäre, ein Wunder zu statuieren, hätte sie es auch mit dem kleinen Finger oder durch pure Geis-teskraft geschafft.

Seien wir also realistisch. Wir können die Welt nicht aus den Angeln heben; und auch Wasser in Wein verwandeln funktioniert einfach nicht. Man kann allenfalls dafür sorgen, dass echter Wein nachgeliefert wird oder das Was-ser einem genauso gut schmeckt, und so ziemlich alles, was sich mit den

Gesetzen der Natur vereinbaren lässt. An diesem Punkt reichen Magie und Realität sich die Hand und verschmelzen zur unschlagbaren Einheit.

Thoth

Die Karte „Der Stern" ist eine der wichtigsten Einweihungskarten im Tarot, was sich auch daran zeigt, dass der ägyptische Gott der Magie – seines Zeichens Thoth – persönlich auf ihr erscheint, und zwar in Gestalt des Ibis, der rechts auf dem Baum zu sehen ist. Thoth wurde in der Tradition häufig mit einem Ibiskopf dargestellt. Was seinen Grund hatte: Das Überleben des ägyptischen Volkes war abhängig von der Zeit der Nilüberschwemmungen, in denen sich das Land vorübergehend in eine fruchtbare Oase verwandelte, und immer wenn es soweit war, tauchten im Lande scharenweise Ibisse auf. So begann man, diesen Vogel als Gottheit zu verehren.

Thoth galt übrigens auch als Gott des Mondes, was uns direkt zum nächsten Abschnitt leitet. Ehe du aber weiterblätterst, meditiere eine Weile über einen Spruch, den ich als Jugendlicher einmal in mein Tagebuch schrieb: *„Der Mensch lässt seine Zufälle gerne so aussehen, als wären es Wunder, während Gott seine Wunder gerne so aussehen lässt, als wären es Zufälle."*

Zusammenfassung

1. Nicht alles, was in Form von Vorstellungsbildern durch unseren Kopf geistert, wird sich verwirklichen. Wir müssen es im Sinne eines Abkommens erst als „magische Rohform" definieren.
2. Der Unterschied zwischen beiden Aktionen besteht in der Anwesenheit bzw. Abwesenheit von „Willen".
3. Fantasie und Kreation verhalten sich zueinander wie Sex mit Kondom und Sex ohne Kondom.
4. Die Welt der Möglichkeiten ist unendlich und bleibt es auch dort, wo sie durch bestimmte Entscheidungen eingeschränkt wird. Das heißt: Auch wenn ich die Hälfte der Unendlichkeit streiche, bleibt der Restbestand unendlich groß.
5. Auch Rohformen, die sich noch nicht in der Realität manifestiert haben, sind existent. Es ist nur eine Frage der Wirklichkeitsebene.
6. Die Welt der Formen entsteht durch Kristallisierungsprozesse um noch nicht manifeste, aber bereits existente Kristallisationsmuster.

Lektion 18 - Unsere Welt als Konstrukt

Dem Mond haftet seit jeher etwas Mysteriöses an. Vollmondnächte mögen ideal sein für romantische Treffs, doch mindestens ebenso oft dienen sie Gruselfilm-Regisseuren als schaurige Kulisse. In der Astrologie steht der Mond für die weibliche Seite, die *Anima* des Menschen – darunter fällt z. B. alles, was mit unserem Gefühlsleben zu tun hat. Wobei unser Gefühlsleben es letztlich ist, woraus sich unsere Welt formt und die Qualität unseres Daseins bestimmt. Ich möchte es noch krasser ausdrücken: Die Beschaffenheit der Dinge – und das ist keineswegs metaphorisch gemeint – richtet sich nach den Gefühlen, mit denen wir auf sie reagieren.

Der MOND

Wer schon einmal an einer endogenen Depression litt, weiß, dass es sich dabei nicht nur um einen seelischen Kater oder eine leichte Verstimmung handelt. Depressionen sind die Hölle. Das ganze Leben ist wie von trauriger Musik begleitet. Unsere Wahrnehmung verändert sich auf drastische Weise: Häuser, Straßen, Gesichter, plötzlich wirken sie bedrohlich; es ist, als würden die Objekte unserer Umwelt völlig andere Gehirnzonen aktivieren als bisher. Und was das Schlimmste ist: Es gibt kein Gegenmittel. Psychopharmaka ersetzen das herrschende Syndrom lediglich durch ein anderes. Man muss warten, bis die Depressionen von selbst verschwinden – und das dauert oft Jahre. Solange ist man als Patient dazu verdammt, in einer *fremden Welt* zu leben.

Es müssen jedoch nicht so heftige Dinge wie Depressionen sein, die dafür sorgen, dass die Qualität der Dinge sich verändert. Jede Emotion an jedem beliebigen Tag ist ein erschaffender Faktor in diesem Sinne. Auf Grund unserer Gefühle teilen wir die Welt in Gut und Böse, Schön und Hässlich auf, und hätten wir diese Gefühle nicht, wäre das Weltgeschehen tatsächlich *neutral*.

Ein Mord ist nur so lange schlecht, wie jemand da ist, der ihn als schlecht empfindet. Und dass Eiskrem süß schmeckt, ist keine Eigenschaft der Eiskrem, sondern unserer Zungen. Wer oder was sollte eine Eiskrem, die von niemandem gelutscht wird, süß machen? Man kann also durchaus sagen: Unsere Wahrnehmung legt die Realität fest. Oder anders ausgedrückt: Was wir wahrnehmen, ist gar nicht identisch mit dem, was da wirklich ist. Erst in unserem Gehirn entsteht das, was wir z. B. als Auto, Tisch, Hund, Katze, Maus bezeichnen.

Der österreichische Philosoph Ernst von Glasersfeld hat sich mit diesem Phänomen intensiv beschäftigt – entstanden ist dabei eine Theorie, die er als „radikalen Konstruktivismus" bezeichnete. Sie geht davon aus, dass es eine objektive Realität der Dinge nicht gibt, da jede Realität abhängig ist von der Wahrnehmung, und Wahrnehmung stets subjektiv ist.

Die daraus entstehende Konsequenz könnte auf manche wie ein Schock wirken: Die Welt, in der wir leben, unser gesamtes Umfeld, ist nur unsere eigene Interpretation von völlig wertfreien und teilweise sogar eigenschaftslosen Dingen und Phänomenen. Dazu ein paar Beispiele:

Nehmen wir einen Kochlöffel. Wir stecken ihn in unseren Koffer und nehmen ihn mit ins schwärzeste Afrika, zu einem Stamm von Eingeborenen, der sich ausschließlich von Rohkost ernährt und so etwas wie Kochen nicht kennt. Wir platzieren den Kochlöffel irgendwo im Dschungel, und ein Stammesangehöriger findet ihn und nimmt ihn mit in seine Hütte. Weder er noch seine Frau wissen mit dem seltsamen Gegenstand etwas anzufangen. Da kommt der Eingeborene plötzlich auf die Idee: Mit diesem Ding könnte man doch wunderbar die Bongo trommeln. Also wird der Kochlöffel in Afrika zum Trommelstock, was bedeutet: Seine Existenz als Kochlöffel ist erloschen. Er wird solange nicht mehr Kochlöffel sein, bis Jahre später sich womöglich ein Europäer in den Urwald verirrt und zu den Wilden sagt: „Hey, ihr trommelt ja mit 'nem Kochlöffel."

Ob ein Gegenstand also Kochlöffel oder Trommelstock ist, hängt nicht von ihm selbst ab, es wohnt ihm nicht inne. *Wir* machen ihn erst zu dem, was er ist, und zwar je nachdem, was wir mit ihm anstellen. Objektiv gesehen handelt es sich um einen Holzstab mit einer Verdickung am Ende. Es wäre auch denkbar, dass ein autoritäres Volk ihn zum Züchtigungsinstrument für seine Kinder umfunktionieren würde. Oder dass irgendwo ein schmal gebautes Volk lebt, deren schwule Männer ihn als Dildo verwenden. Dort hieße der Kochlöffel eben Dildo und wäre auch einer. Er wäre jedenfalls definitiv kein Kochlöffel mehr.

Der Duft eines Parfüms beim Kennenlernen einer hübschen Frau wird in unserem Gehirn an völlig anderer Stelle abgespeichert als der Duft des gleichen Parfüms, der in der Wohnung zurückbleibt, nachdem die Geliebte ein für alle Mal die Tür ins Schloss geworfen hat. Oder: Für einen Rennfahrer ist ein Auto mit anderen Emotionen verbunden als für jemanden, der bei einem Autounfall ein Bein verloren hat. Wenn ein Mann von seiner Frau ermordet wird, reagiert die Öffentlichkeit mit Entsetzen. Für seine Kinder, die er seit Jahren misshandelt hat, kann es eine Heldentat gewesen sein. Die Welt der Erscheinungen ist demnach nur Konstrukt, wobei mir selbst diese Definition noch nicht ausreicht. Sich mit ihr zu beschäftigen hilft aber, die folgenden Kapitel im Buch besser zu verstehen, in denen ich mit einer Weltsicht spielen will, die für unsere übliche Interpretation des Lebens eine ziemliche Herausforderung darstellt. Es geht um die Frage: Wie real ist die Realität überhaupt? Könnte es sein, dass unser Leben nur ein großer Traum ist? Doch dazu später.

Der Brave und das Biest

Bleiben wir zunächst in der ganz realen Welt. Auf dem Bild des Mondes gibt es auf den ersten Blick keine zentrale Figur wie gewohnt. Wir sehen zur Rechten einen Wolf, zur Linken einen Hund, dazwischen einen Krebs, der soeben ein Gewässer verlässt (oder betritt, denn Krebse laufen ja bekanntlich auch rückwärts). Und dieses Scherentier, so unscheinbar es auf dem Bild auch erscheinen mag, ist der eigentliche Protagonist dieser Karte. Astrologisch gesehen ist der Krebs die Tierkreisentsprechung zum Planetenprinzip des Mondes. Also wieder das Thema Gefühl, Empfindung, nicht-intellektuelle Wahrnehmung, sprich: Interpretation der Welt. Wenn du ein weinendes Kind siehst, musst du nicht erst nachdenken, warum dich sein Anblick berührt – die Reaktion kommt nicht aus dem Kopf, sondern aus deiner Gefühlswelt, der Welt des Mondes, der Krebs-Region. Der Krebs auf dem Bild steht symbolisch für die Gefühlsanteile in uns.

Wer zwischen Intellekt und Emotion trennt, darf auch die Welt der Instinkte nicht vergessen. Was wir weder verstandesmäßig noch gefühlsmäßig tun, tun wir häufig *instinktiv*. Wenn eine Fliege uns auf dem Arm kitzelt, muss man uns nicht erst beibringen, sie wegzuscheuchen; wir tun es automatisch. Auch wie Sex funktioniert, müssen wir nicht erst aus schlauen Büchern lernen; wenn wir zum ersten Mal mit einem Partner im Bett liegen, wissen wir einfach, wie es „geht". Instinkte sind Überlebenshilfen, ein Erbe aus dem Tierreich.

Diese Welt der Instinkte wird auf der Tarotkarte XVIII durch den Wolf symbolisiert. Im Gegensatz dazu verkörpert der Hund als „dressierte" Form des Wolfes den zivilisierten Menschen, der sich und seine Umgangsformen zwar weitgehend im Griff hat, im Laufe der Jahrtausende jedoch auch Instinkte eingebüßt hat, die für ihn einst überlebensnotwendig waren.

Der Krebs hat nun die Wahl. Er kann den Weg des Wolfes gehen – der ist (in unserer Zeit) sicher der mühsamere, was man auch an den Steinen sieht, die er auf dieser Seite erst überqueren muss. Er kann auch den (bequemeren) Weg des Hundes wählen, doch dann wird er die Welt auf ziemlich ähnliche Weise wahrnehmen wie das Gros der Menschen. Dann gibt es Gefühle, die er nie aufkommen lassen darf, und es wird sich ein Verdrängungspotential bilden, das sich gelegentlich in Form von Schatten, sprich: unliebsamen Ereignissen in der Realität manifestieren wird.

Der Krebs entscheidet sich – wie wir sehen – für die goldene Mitte. Doch es ist kein schnurgerader Weg auf „ewiger Sparflamme", sondern ein gewundener Pfad, der sich mal ein wenig mehr Wolf gestattet, mal ein wenig mehr Hund, je nachdem, was gerade wichtiger ist: Seinen Instinkten ein gefühlsmäßiges Ventil zu verschaffen oder seine gesellschaftliche Rolle zu leben. Er weiß: Auch wenn die beiden Tiere in der gleichen Welt der Formen leben, so handelt es sich auf Grund unterschiedlicher Interpretation doch um zwei völlig verschiedene Welten des Erlebens. Zwischen diesen beiden Welten hin- und herzupendeln hat der Krebs sich zur Aufgabe gemacht, und vermutlich ist es der würdevollste Weg, den man in unseren Tagen gehen kann.

Experiment zum Schluss

Zur Vertiefung des Gesagten ein kleines Experiment, für das wir noch einmal die Karte benötigen:

Wo die Wiese endet, auf der Hund und Wolf sich befinden, stoßen wir auf eine Landschaft, deren Blau etwas kräftiger ist als das des Himmels, aber nur unmerklich. Aus dieser Landschaft ragen zwei Türme, und es ist so, dass manche darin ein Gebirge sehen, andere ein tosendes Meer, dessen Wellen sich an den Turmmauern brechen. Meine Frage lautet nun: Was siehst **du**?

Lass dich von dem Weg, der durchs Blau führt, nicht in die Irre führen. Natürlich liegt ein Gebirgspfad näher, doch wir könnten auch an die biblische Geschichte denken, in der es Moses gelang, mit Jahwes Hilfe das Rote Meer zu teilen, so dass er und sein Volk es durchqueren konnten, ohne nass zu werden. Welche Vorstellung sagt dir mehr zu? Wie interpretierst *du* die blaue Landschaft im Bildhintergrund?

Egal, was du antwortest – es bestimmt *deine* Realität und somit dein Verhältnis zu dieser Karte. Hast du ein Gebirge erkannt, so deutet dies auf ein Bedürfnis nach Sicherheit hin; bei Meer-Interpreten überwiegt mehr der

Drang nach Freiheit. Doch egal – du allein hast festgelegt, ob etwas Fels ist oder Wasser, und falls du meinst, das würde nur auf Bildern funktionieren, wirst du in den folgenden Abschnitten dieses Buches genügend Stoff vorfinden, um dich zum Staunen zu bringen. Aber denk daran: Das Staunen wird sich erst einstellen, wenn du dich auf die vorgeschlagenen Gedankenexperimente wirklich einlässt.

Lichtspiele

Wenn du im Kino bist, zitterst du, staunst du, klopft dein Herz, bringen gewisse Szenen dich zum Weinen. Du hältst das für normal – aber du hast nur eine Licht-Illusion auf einer weißen Wand gesehen. Wenn du dir zu Hause einen Film ansiehst, ist außer dir womöglich niemand da. Trotzdem kannst du unter der Wucht eines dir vorgegaukelten Schicksals zusammenbrechen. Für anderthalb oder zwei Stunden hältst du ein Hirngespinst für Wahrheit. Aber es ist wirklich nur ein Spiel mit dem Licht.

Die tödliche Krankheit eines Kindes, das es in Wahrheit gar nicht gibt, kann dir heftig zusetzen. Wenn in einem Science-Fiction-Film die Erde von Aliens zerstört wird, bist du total neben dir. Aber die Erde da draußen existiert noch – du hast es nur vergessen, für kurze Zeit.

Warum solltest du im realen Leben gegen etwas gefeit sein, wozu du im Kino jederzeit fähig bist? Deine Gefühlswelt hat es geschafft, aus huschenden Lichtern eine Welt zu erschaffen, die dir emotional so richtig zusetzen kann. Was gibt dir die Gewissheit, dass dein Leben nicht auch nur eine Abfolge von Licht, Täuschung und Illusion ist? Dass nicht jedes Objekt, jede Figur nur dadurch existiert, dass du sie mit deinem Bewusstsein anstrahlst und für reales Geschehen hältst?

Ist das Leben womöglich auch nur ein Film?

Zusammenfassung

1. Die „objektive Welt" ist nur ein Hirngespinst. Die Eigenschaften aller Objekte und Geschehnisse werden bestimmt durch unsere gefühlsmäßige Bewertung.

2. Der Mond steht – auch in der Astrologie – für unsere Emotionen, auf dieser Karte (und auch im Horoskop) symbolisiert durch den Krebs. Der Wolf steht für unsere Instinkte, der Hund für unser verstandesmäßiges, sprich: zivilisatorisch bedingtes Bewerten der Dinge.

3. Magische Rohformen müssen aufgeladen werden durch die Kraft der Emotion, die unseren Instinkten entspringt und an unserer anerzogenen, sprich: künstlichen gesellschaftlichen Rolle oftmals scheitern.

4. Die Qualität deines Lebens ist Folge deiner emotionalen Bewertung der Dinge.

5. So wie du ein Bild frei interpretieren kannst, kannst du auch dein Leben frei interpretieren. Das Bild wird sich deiner Vorstellung fügen – dein Leben auch. Es ist alles nur ein Spiel mit dem Licht.

Lektion 19 - Wahnsinn als Chance

Wir gehen also davon aus, dass es eine objektive Realität der Dinge nicht gibt. Eine ungewaschene Socke kann für den einen etwas sein, das er nur mit spitzen Fingern anlangt, für den anderen ein endgeiler Fetisch. Wir wollten uns ferner mit der Frage beschäftigen, inwieweit Realität wirklich real ist. Ich glaube, der fatalste Fehler, den wir bei der Deutung unserer Existenz begehen, besteht darin, die *eine* Realität, die wir kennen, als *die* Realität schlechthin zu begreifen.

Die SONNE

Um den Zustand des Seins zu verstehen, müssen wir zumindest versuchen, uns einmal den Zustand des Nicht-Seins vorzustellen. Schließe einmal für ca. fünf Minuten die Augen und stell dir vor, du wärst nie geboren worden. Du *wärst* nicht.

Frage: Wäre dann die Welt? Du wirst feststellen, dass es irgendwie nicht funktioniert, sich eine existierende Welt ohne das eigene Bewusstsein vorzustellen. Man muss gedanklich zwischen zwei Ebenen hin- und herspringen, und das sind wir nicht gewohnt, was zu peinigenden Drehwürmern im Kopf führt.

Wenn du nicht geboren wärst, wüsstest du nichts von dieser Welt, und selbst diese Formulierung ist irreführend, weil Wissen und somit auch Nicht-Wissen bereits Existenz voraussetzt. Vor allem: *Wohin* wärst du nicht geboren worden? Das ist vom Standpunkt des Ungeborenen eine unbeantwortbare Frage, denn wo keine Existenz besteht, kann auch keine vermutet oder in Gedanken entworfen werden. Nicht-Geborenwerden hieße im Nichts zu verbleiben, und wo befindet sich das?

Dass die Frage „Was wäre, wenn ich nicht geboren wäre?" sich selbst ad absurdum führt, zeigt sich spätestens dann, wenn du sie umkehrst und aus der Sicht des Ungeborenen fragst: „Was wäre, wenn ich geboren wäre?" Ein Ungeborener kann sich diese Frage nicht stellen, da er nicht-existent ist. Du kannst auch nicht fragen: „Was wäre, wenn Heiner Schmidt geboren wäre?", wenn es diesen Heiner Schmidt gar nicht gibt, d. h. wenn er nicht mal in der Welt der Möglichkeiten existiert.

Du könntest, theoretisch gesehen, auch ein Nicht-Geborener sein, der – wenn er denn geboren worden wäre – auf einem 100.000 Milliarden Lichtjahre entfernten Planeten das Licht der Welt erblickt hätte. *Wäre dann die Welt, die du jetzt als Realität wahrnimmst, auf irgendeine Weise existent?* Ist die Welt auf einem Gestirn im Andromeda-Nebel für uns hier mehr als nur ein Hirngespinst? Existiert für uns nicht nur das, was wir mit unserem Bewusstsein anstrahlen?

Es gibt die alte Parabel vom „Reissack in China", der dort umfällt, ohne dass es uns hier interessieren muss. Wobei es in China natürlich einen Bauern geben kann, der sich über den umgefallenen Reissack ärgert. Für ihn ist der Reissack Realität. Aber in welchem Maße ist für uns der *Bauer* Realität?

Karte XIX („Die Sonne") handelt vom Bewusstsein, das auch in der Astrologie vom Sonnenzeichen repräsentiert wird (während der Mond eher die Welt des Unbewussten verkörpert). Dein Bewusstsein wurde in ein Konstrukt hineingeboren, das von ihm als Realität empfunden wird. Es mag Milliarden weiterer Konstrukte geben, in die es nicht hineingeboren wurde. Wo befinden sich diese Konstrukte? Sind sie real existent oder nur als potentielle Möglichkeit vorhanden? Was sind sie ohne dein Bewusstsein? Nichts.

Ich will versuchen, diesen Gedankengang mit Hilfe eines alten philosophischen Denkspiels zu verdeutlichen: Stell dir vor, im Wald fällt ein Baum um. Es ist aber niemand da, der es hören kann. Nicht nur keine Menschen, sondern auch keine Tiere. Verursacht der Baum beim Umfallen trotzdem ein Geräusch?

Geräusche sind ja nur die Folge der Funktionsweise unserer Sinnesorgane. Für einen Tauben würde der Baum keinerlei Geräusch erzeugen. Also ist der Laut als solcher nur ein Produkt unserer Sinnesrezeptoren, und damit letztendlich unseres Bewusstseins. Somit ließe sich behaupten: Ein Geräusch existiert nur, wenn jemand da ist, der es hört.

Es wäre also absurd, zu sagen: Der Baum macht natürlich ein Geräusch, es wird nur von niemandem gehört. Was ist ein Geräusch ohne das Hörorgan, von dem es wahrgenommen wird? Wie soll man sich dieses Geräusch vorstellen? Es wird zum Nichts.

Noch ein Denkexperiment: Stell dir ein Universum ohne jegliche Lebewesen vor. Nur tote Materie. Würde dieses Universum wirklich existieren? Beziehungsweise: Was würde die Existenz eines solchen Universums von seiner Nicht-Existenz unterscheiden? Wenn niemand da ist, für den etwas existieren oder nicht existieren kann, was ist dann Existenz? Würde ich alle Dinge aufzählen, die in meinem Arbeitszimmer *nicht* existieren, wie sinnvoll wäre mein Handeln? Gut, in meinem Arbeitszimmer gibt es z. B. keine Nilpferde (oder ich habe sie zumindest noch nicht entdeckt). Was aber nützt mir diese Information? Nilpferde sind für mich nur relevant, wenn sie *da* sind und ich *da* bin. Gibt es Bielefeld? Ich war nie dort, ich kann es nicht bestätigen. Aber welchen Unterschied macht es für mich, ob die Stadt im Ruhrpott wirklich existiert? Sie hat keine Schnittstellen mit meiner Realität, außer ich lese irgendwo in der Zeitung etwas über Bielefeld (und wer sagt mir dann, dass die Zeitung nicht auch nur Illusion ist?)

Du merkst, was ich vorhabe: Ich will dich an den Rand des Wahnsinns treiben. Aber um die Welt neu zu begreifen, führt kein Weg dort vorbei. Wenn du Lust hast, lies die letzten Abschnitte noch einmal und genieße den Wahnsinn.

Du siehst immer nur einen winzigen Ausschnitt der Welt, den Rest dichtest du dir dazu. Jener winzige Ausschnitt ist genau das Segment, das du mit deinem Bewusstsein anstrahlst. Wenn du dich mit den scheinbar paradoxen Ergebnissen der Quantenphysik auseinandersetzt, wird die Vermutung, dass Realität in jeder Sekunde entsteht und verschwindet, plötzlich seltsam plausibel.

Das Kind auf dem Pferd

Kinder sehen die Welt anders als Erwachsene. Ich erinnere mich an eine Fernsehübertragung, in der ein Zweijähriger auf die rauchenden Trümmer des World Trade Center blickte und übers ganze Gesicht strahlte. *Das war ja mal was Tolles. So was müsste es jeden Tag geben.* Dieser Kleine ist für mich noch immer der große Held des Tages Nine-Eleven.

Aus welchem Grund? Weil er reagierte wie ein Erleuchteter. Uns gelingt das nicht, wenn es um persönliche Katastrophen oder Schicksalsschläge geht – und das ist wahrscheinlich auch gut so. Hinzu kommt, dass die Reaktion des kleinen Jungen wohl eher auf ein Nicht-Verstehen des Ausmaßes der Situation zurückzuführen war. Trotzdem zeigt er uns: Es gibt auch einen anderen Weg, die Dinge zu betrachten. Er gründet auf der Erkenntnis, dass alles, was geschieht, sowieso nur ein Spiel aus Lichteffekten und Sinnestäuschungen ist – viel zu weit weg von der eigenen Subjektivität. Die großen Erwachten der östlichen Kulturen haben die Welt nie anders interpretiert.

Ich halte Kinder nicht für „kleine Weise" (das ist ein Eso-Klischee), stelle aber fest, dass sie uns mit ihrem Verhalten oft an genau jene andere, *erleuchtete* Sichtweise der Dinge erinnern: Ich persönlich z. B. kann mich über einen Kratzer im Autolack nicht mal ansatzweise aufregen. Der Kratzer ist da, und das Auto fährt mich trotzdem an jeden gewünschten Ort. Ich sitze da auf meinem Planeten Erde, einem Staubkorn innerhalb eines gigantischen Universums, das zu durchreisen ich nicht mal in tausend mal tausend mal tausend Jahren schaffen würde und soll mich über eine zwei Millimeter lange, kaum sichtbare Kerbe in meinem Auto aufregen? Aber hallo. Sieh dir das Kind auf der Karte an – seine Körperhaltung, seinen Gesichtsausdruck – und frag dich, wann du zum letzten Mal dieses spezielle Lebensgefühl hattest. Nackt. Fröhlich. Frei unter einer warmen Sonne. Es könnte ein Stück her sein.

Wenn wir begriffen haben, dass die Welt um uns nur ein Spiegel unseres Bewusstseins ist, können wir anfangen zu *leben*. Dann hat die Sonne plötzlich wieder ein Gesicht – wie in den alten Kinderbüchern oder auf dieser Karte – und es steht uns frei, ob alles wie im Märchen ist oder ob wir über verschüttete Milch weinen wollen. Wenn wir uns der Illusion des Lebens bewusst werden, verwandelt sich alles in Spaß, Freude, Er-Leben, und wir sind frei, ohne Ängste, und reiten – wie das Kind auf unserem Bild – ohne Zügel und Zaumzeug durchs Leben, das Diadem des Herrschers auf dem Haupt, das diesmal keine künstliche Autorität symbolisiert, sondern die natürliche Autorität, die all jenen zu eigen ist, die das Leben erschmeckt und begriffen haben und auf erworbene Titel oder Hierarchien pfeifen. Um Herrscher zu sein, brauche ich keine Untertanen, sondern nur *mich* selbst.

Werfen wir noch einen Blick auf die Mauer mit den Sonnenblumen. Man sieht auf den ersten Blick, dass es sich um eine künstliche Mauer handelt, von Menschen errichtet und nicht sehr professionell gestaltet. Das heißt: Die Barrieren, die uns das Leben scheinbar erschweren, sind unsere eigene Schöpfung, und wenn man sie einmal streng anschaut, fallen sie um. Das Kind scheint sie gerade überwunden zu haben; trotzdem sitzt es noch immer fest im Sattel – und lächelt noch immer. Die Feder auf seinem Kopf – dieselbe wohl, die auf Bild XIII den Tod schmückt, der ebenfalls auf einem weißen Pferd reitet – ist hier nicht gesenkt, sondern aufgerichtet und symbolisiert das pralle Leben.

Die Sonnenblume ist ein Symbol für Wachstum und gutes Gedeihen. In slawischen Ländern tragen schwangere Frauen oft Sonnenblumen an ihrer Kleidung. Und die 21 Strahlen der Sonne auf diesem Bild – das sind die 21 restlichen Karten im Tarot, die *von selbst* in deinem Leben wirken werden, wenn du die Erkenntnis *dieser* Karte hast. Sie lautet: *Bewusstsein*. Deine Realität steht und fällt mit deinem Bewusstsein. Dazu fünf Zitate zum Nachdenken:

„Das Bewußtsein ist die Schaltstelle, die die Welle eines in Potentia existierenden Quantenobjekts zum Kollabieren bringt, um es in der Welt der Manifestationen zu einem immanenten Teilchen werden zu lassen."

Amit Goswami

„Das Universum ist mehr als die Summe seiner materiellen Teile – die Quantenphysik entdeckt wieder, was die Mystik aller Zeiten immer behauptet hat: die integrale Rolle des Bewußtseins im sogenannten physikalischen Universum."

Eberhard Sens

„Das Selbst ist reines Bewußtsein. Niemand kann sich vom Selbst entfernen. Die Frage ist nur in der Dualität möglich. Aber im reinen Bewußtsein gibt es keine Dualität."

Ramana Maharshi

„Sobald man einer Sache seine Aufmerksamkeit schenkt, auch wenn es nur ein Grashalm ist, wird sie zu einer geheimnisvollen, Respekt einflößenden, unbeschreiblich großartigen Welt in sich selbst."

Henry Miller

„Nicht das Sein bestimmt das Bewusstsein, sondern das Bewusstsein bestimmt das Sein."

Angelino Davis

Um ein Gefühl dafür zu bekommen, was es bedeutet, Dinge mit dem Bewusstsein anzustrahlen, kannst du ganz simple Übungen im Alltag durchführen, indem du z. B. ein Gespräch mit einem anderen Menschen, einen Spaziergang, einen Song auf einer CD, ein Bild usw. einmal Sekunde für Sekunde, mit jeder Faser deines Seins, *bewusst* zu erleben versuchst. Normalerweise richtet sich nur ein geringer Prozentsatz unserer Aufmerksamkeit auf die Dinge, die wir tun oder die uns umgeben, so wie Raucher oft eine Zigarette nach der anderen rauchen, ohne es zu merken. Erspüre den Unterschied.

Genieße, lebe, tu einfach, was du magst. Was auch immer du mit deinem Bewusstsein erschaffst, es wird *dein* Leben sein.

Zusammenfassung

1. Stell dir die Welt ohne dich bzw. ohne dein Bewusstsein vor. Wie real kann eine solche Welt dir erscheinen?

2. Realität ist nur das Resultat von Bewusstsein. Sie erlischt in dem Moment, wo du die Augen für immer schließt.

3. Die Existenz von Dingen beruht auf unserer Wahrnehmung dieser Dinge durch unsere Sinnesorgane. Was wir nicht wahrnehmen, kann also keine Sinneseindrücke bewirken, und was keine Sinneseindrücke bewirkt, ist im wahrsten Sinne des Wortes nicht-existent.

4. Wo kein Bewusstsein existiert – existiert dort überhaupt irgendetwas? Und egal ob du nun mit Ja oder Nein antwortest – macht es in diesem Fall überhaupt einen Unterschied? Sind Ja und Nein in diesem Fall nicht auf rätselhafte Weise identisch?

5. Weisheit (oder Erleuchtung) beginnt mit der Erkenntnis, dass es – denkt man sich das subjektive Bewusstsein einmal weg – zwischen der Existenz und Nicht-Existenz von Dingen keinen Unterschied gibt.

6. Diese Erkenntnis führt zu einer völlig anderen Bewertung von Phänomenen der sogenannten Realität. Wir können plötzlich frei wählen, was wir als Riesenspaß oder als Problem empfinden – das konnten wir vorher nicht.

7. Die Erkenntnis der Nichtigkeit aller Dinge führt uns also zum prallen Er-Leben der Welt.

Lektion 20 - Das große Erwachen

Was wir in den letzten Kapiteln über Sein und Nichtsein, Schein und Realität gesagt haben, ist auf keinerlei Art beweisbar oder vermittelbar. Es ist auch keine Erkenntnis, zu der man durch Nachdenken gelangt, sondern durch einen Prozess, der ungefähr dem Zustand ähnelt, wenn man frühmorgens aus einem Traum erwacht.

Solange man träumt, ist man sich absolut sicher, in der Realität zu sein; es gibt sogar Träume, in denen man denkt „Ich wünschte, all das wäre nur ein Traum" – und plötzlich reibt man sich die Augen, und all die Seifenblasen sind geplatzt, sie waren nur eine Ausgeburt unseres Gehirns. Es ist wie ein Posaunenstoß.

GERICHT

Dieser Augenblick des Erwachens wird auf Tarotbild XX, dem „Gericht" dargestellt. Der Engel – und auch hier weiche ich von der Tradition ab und behaupte, es handelt sich nicht um Gabriel, sondern Michael[21] – verkündet den Anbruch einer neuen Zeit, und dieser Zustand ist unwiderruflich. Wer einmal im Leben den Schleier der Illusion zerrissen hat, wird ihn nie wieder nähen können. Er wird sich der Bedeutungslosigkeit allen Geschehens für immer bewusst sein.

Lange Zeit wurde dieses Tarotbild als die Auferstehung der Toten am Jüngsten Tag gedeutet; in der christlichen Auslegung ist das auch zulässig. Auf unserer speziellen Interpretationsebene jedoch zeigt das Bild eine Reihe von Menschen, die aus einer Art Schlaf erwachen. Die viereckigen „Särge" stehen symbolisch für die Materie, der sie verhaftet waren und die sie für die reale Welt hielten. Erst jetzt haben sie die eigentliche Beschaffenheit des Daseins erkannt und verspüren echte Freiheit.

Den befreitesten Eindruck macht das Kind – wiederum ein Hinweis auf die Nähe des Lebensgefühls von Kindern zum erleuchteten Zustand des Menschen. Die Patina, die unser Bewusstsein vom Prozess des Erwachens

---

[21] Schließlich ist es Michael, der in der Offenbarung des Johannes seinem Widersacher den entscheidenden Streich versetzt; Gabriel spielt in der Geschichte gar nicht mit.

trennt, ist bei Kindern viel dünner als bei Erwachsenen, die ihr Verhaftetsein an die Illusion über viele Jahre hinweg stets aufs Neue „eingeübt" und gefestigt haben.

Das Kind reckt seine Arme empor und begrüßt das neue Leben. Die Frau ist nicht ganz so euphorisch, nimmt das „Erwachen" jedoch ebenfalls mit aufgeschlossener Körperhaltung entgegen. Recht zaghaft erscheint uns der Mann – sein Blick nach oben zeugt von einer seltsamen Mischung aus Ehrfurcht und Unsicherheit. Es sind meist unsere kindlichen und weiblichen Wesensanteile, die uns zu Quantensprüngen verhelfen. Unsere männliche Seite ist eher resistent gegen die kleinen Hinweise und Winke, die das Leben uns gibt (deshalb fahren Männer auch lieber zwei Stunden lang im Kreis anstatt nach dem Weg zu fragen). Solange es uns an der Gabe mangelt, sich vom Leben beeindrucken zu lassen, werden wir neue Erkenntnisse nicht akzeptieren.

Wie schwer tut sich zum Beispiel die Wissenschaft – ein typisch männliches Feld – damit, Denkansätze zu akzeptieren, die den Fundus an schulwissenschaftlichen Erklärungsversuchen der letzten Jahrzehnte sprengen oder zumindest ins Wanken bringen könnten. So schwer in etwa ist es, dem durchschnittlichen Mann der westlichen Welt etwas über das Erwachen zu erzählen.

Erwachen heißt, zu der Erkenntnis zu gelangen: Da *ist* nichts. Das Leben ist nur Theater, und die Särge auf dem Bild könnten auch die Kisten sein, in denen man Puppen für ein Theaterstück aufbewahrt (man denke an die sprichwörtliche „Augsburger Puppenkiste"). Doch diesmal sind die Puppen zum eigenen Leben erwacht; die Landschaft hat sich verändert; die Bühne, auf der es jetzt zu agieren gilt, ist die der *Wirklichkeit*. Diese Erkenntnis mag zunächst schmerzhaft sein – und so kalt anmuten wie die Eisberge und wahrscheinlich auch das Gewässer auf dem Bild. Hast du sie erst in dein Wesen integriert, sind sie von äußerst trostreicher Wirkung

Das Kreuz auf dem Banner des Engels weist wiederum auf eine Verbindung zwischen Oben und Unten, zwischen Himmel und Erde hin, diesmal jedoch in einem anderen Sinne: Die Erde, das ist die *Realität*.

Der Himmel, das ist die WIRKLICHKEIT.

Zwei Paar Stiefel

Die meisten Menschen verwenden die Begriffe Realität und Wirklichkeit wie Synonyme, doch es handelt sich um zwei völlig verschiedene Dinge. Eine recht gute Erklärung bietet der Buchautor Franz A. Koch, wenn er schreibt: „Wirklichkeit ist der Urgrund allen Seins, Hintergrund und Matrix für alle Schöpfung und Erfahrung. (...) Realität hingegen ist alles, was vor dem Hintergrund der Wirklichkeit als Form oder in Form erscheint."[22] Die Wirklichkeit ist demnach in der Tat inhaltslos, sie ist die weiße Leinwand im Kino, auf der jeder nur erdenkliche Film gezeigt werden kann, und unser Bewusstsein allein ist es, das dafür sorgt, dass es jeden Abend eine neue Vorstellung gibt und was für eine Art Vorstellung es sein wird. „Wenn wir den Film abstellen", schreibt Koch, „ist alles weg, nur die Leinwand ist da, bereit für den nächsten Film."[23]

Der Wirklichkeit immanent sind gewisse Naturgesetze, die jedoch erst als Form gewordene Realität sichtbar werden. Der kabbalistische Baum des Lebens beginnt mit einer Sphäre, die sich „unendliches Licht" nennt – also Licht und Unendlichkeit als Rohstoff. Wenn Licht durch ein Prisma fällt, sind – je nach Form dieses Prismas – die mannigfaltigsten Lichteffekte möglich; der Begriff „unendlich" weist ferner darauf hin, dass die Welt der Möglichkeiten auch innerhalb der natürlichen Grenzen eines Lebens ohne Ende ist. Ich habe also Licht zur Verfügung, ich habe ein Buch mit siebzehn Trillionen Seiten zur Verfügung – Band 1 der wiederum 17 Trillionen Bände umfassenden Reihe „Realitäten, die du erschaffen kannst", und jeder Film, den ich drehe, hat mit der Wirklichkeit nichts zu tun; er ist nur Gaukelei, es sind nur bewegte Bilder.

Der Engel auf dem Bild scheint als der große Regisseur zu fungieren; da aber Engel nur Sinnbilder unserer erweiterten Bewusstseinszustände sind, bleibt die Regiearbeit natürlich an uns *selbst* hängen.

Was kommt nach dem Tod?

Ein mir bekannter Magier hat einmal gesagt: „Schon die Tatsache, dass du dir eine Sache von Herzen wünschen kannst, ist ein Beleg dafür, dass sie in der Welt der Möglichkeiten existiert und sich verwirklichen kann. Was nicht realisierbar ist, kann auch nie zum Wunsch werden."

Bereits in einem früheren Kapitel haben wir festgestellt: Obwohl deine spezifische Welt der Möglichkeiten unendlich ist, schließt sie bestimmte Dinge aus. Unendlich bedeutet nicht: *alles* enthaltend, sondern geht davon aus, dass es eine Teilmenge aller *möglichen* vorstellbaren Dinge gibt, die

---

[22] Franz A. Koch, *Alles kann sich ändern*, Omega-Verlag, Aachen, 2007
[23] Ebenda.

ihrerseits wiederum unendlich groß ist. Die einzelnen Inhalte jener Teilmenge gelten auf demokratische Art als gleichwertige Rohformen. Was die Schlussfolgerung zulässt: Da die Vorstellung von einem Leben nach dem Tode in den vergangenen Jahrtausenden nicht nur eitle Gedankenspielerei war, sondern ein echtes *Anliegen* der Menschen, muss sie in der Welt der Möglichkeiten (unserer realisierbaren Teilmenge von „Alles") enthalten sein.

Das hieße: Falls du an die Reinkarnation glaubst, wirst du vermutlich reinkarniert werden. Du gehst einfach in die Garderobe und holst dir ein neues Kostüm. Der Tod war ja auch nur Illusion. Und schließlich muss jedes Stück irgendwann enden.

Glaubst du an das Jenseits nach christlicher Vorstellung, so wirst du es vermutlich erleben. Dein Bewusstsein erschafft auch nach dem Tode noch – der einzige Unterschied besteht darin, dass es nicht mehr mit deinem Körper verbunden ist. Man darf nicht glauben, nach dem Tod käme die große Wirklichkeit mit Pauken und Trompeten hereingebrochen. Dein Geist treibt weiterhin durchs Universum. Wenn das Leben nur ein Trick mit dem Licht ist, dann ist es der Tod auch. Er ist nur das Ende eines *Stückes*, und unsere Tränen fließen nur so lange, bis wir das Lichtspielhaus verlassen haben.

Glaubst du an das Nirwana, so wirst du es vermutlich erleben. „Ein Bad in der Ewigkeit" hat ein Weiser es einmal genannt. Nach buddhistischer Ansicht verschmilzt man mit dem „Großen Ganzen", und das ist ein Terminus, mit dem wir in der westlichen Welt nur wenig anfangen können. Wir fragen uns vielmehr: Bleibt unser Bewusstsein erhalten? Oder gehen wir auf im Nichts? Ich glaube, der Zustand des Nirwana – so es ihn denn gibt – kommt auf materieller Ebene einer Empfindung nahe, die wir auch mit körpereigenen Drogen simulieren können. Ich experimentiere seit Jahren damit; es fehlt mir jedoch noch an den geeigneten Vokabeln, um ihn glaubhaft vermitteln zu können. Ich würde mich angreifbar machen, wenn ich jetzt darüber schriebe.

Halten wir stattdessen fest: Alles, wirklich alles ist nur geronnene Energie. Unser Ich. Die Bühne, auf der wir agieren. Die anderen Figuren. Unser gesamtes Schicksal. Das „Bindemittel", das jenen Gerinnungsprozess in Gang setzt, ist unser Bewusstsein.

Sieh dir die Personen auf dem Bild an: Sie sind grau, sie ähneln Schattengestalten, sie haben keine wirkliche Realität. Es sind nur Phantome, und Phantome sind wie Romanfiguren: Du kannst sie bewegen, formen, du kannst sie wie Schachfiguren hin- und herschieben, auf den Mond schicken, erfrieren oder verbrennen lassen, lachen oder verzweifeln lassen, du kannst mit ihnen alles anstellen, was du willst – gemäß deinem eigenen Drehbuch.

Auch nach dem Tod.

Lerchen und Eulen

Für manche, wie gesagt, mag der Vorgang des Erwachens eine ernüchternde Erfahrung sein, weil sie dem Traum, der sie umgibt, emotional zu stark verhaftet sind. Stell dir vor, du träumst von einem langen, wunderbaren Urlaub mit einer Person, die du liebst oder begehrst. Das Schrillen des Weckers wäre in diesem Moment schier unerträglich.

Wie erlösend dagegen ist es, aus einem Alptraum zu erwachen. So sind es in der Regel Menschen, die – manchmal schon von Kind an – das Gefühl hatten, auf dieser Welt „im falschen Film" zu sein, die irgendwann jenen Posaunenstoß vernehmen, der sie aus der Gefangenschaft der Polarität in die Erkenntnis führt. Die erste Reaktion ist meist anhaltendes Gelächter. Du lachst, und das Universum lacht mit dir.

Doch die Welt hat sich verändert. Die Eisberge im Hintergrund wirken auf den ersten Blick nur wenig einladend. All die Fluchtmöglichkeiten des Lebens, auf deren Fundament du früher ganze Erlebniswelten errichtet hast, die dich beschäftigten und dir das Gefühl gaben, auf dieser Welt eine unerlässliche Rolle zu spielen, stehen dir nicht mehr zu Verfügung. Ob du Generaldirektor eines großen Unternehmens bist oder als durchgeknallter Künstler von der Hand in den Mund lebst – es waren nur zwei verschiedene Spiele, die du spielen konntest, und in deiner Fantasie konntest du noch tausend weitere Spiele spielen, die sich jetzt – da du weißt, aus welchem Stoff die Welt gestrickt ist – von den „Real-Spielen" nicht mehr unterscheiden.

Sobald du den ersten Schreck überwunden hast, wirst du zum notorischen Spieler werden und die Vielfalt der Welt der Möglichkeiten entdecken. Du kannst auf jeder Ebene erschaffen und genießen. Sollte z. B. die Wirklichkeit dir anfangs zu kalt erscheinen, besteht immer noch die Möglichkeit – und ich glaube, die Personen auf unserem Bild stehen nahe davor – die Grenzen der Körperlichkeit zu durchbrechen und die physische und psychische Intimität jener zu suchen, die dir gut tun. Du glaubst nicht, dass das in der *Wirklichkeit* funktioniert? In der *Realität* jedenfalls funktioniert es – und daran sollten wir uns zum Teufel noch mal viel öfter erinnern.

Zusammenfassung

1. Nicht nur, während wir träumen, auch im Wachzustand wähnen wir uns fortwährend in der Wirklichkeit. Anders gesagt: Wir halten ständig alles für *wahr*, was unsere Sinne uns vorgaukeln. Was gibt uns da die Gewissheit, dass *überhaupt* irgendetwas wahr ist?

2. Es sind unsere weiblichen bzw. kindlichen Wesensanteile, die uns dem Zustand des Erwachens näherbringen. Wir müssen bereit sein, uns von alten Routinen der Weltinterpretation loszusagen. An dieser Hürde scheitern schätzungsweise 99,9 Prozent aller Menschen.

3. Als *Wirklichkeit* bezeichnet man die Welt der unendlichen Möglichkeiten; *Realität* ist alles, was auf ihrer neutralen Leinwand manifest wird. Die meisten Menschen verwenden beide Begriffe als Synonyme – und leben bzw. er-leben auch so.

4. Was nach deinem Tod mit dir geschieht, könnte davon abhängen, welche Glaubensvorstellungen du von diesem Zustand hattest. Schließlich bist *du* der Regisseur, der bestimmt, was auf der Leinwand der Wirklichkeit zur Realität wird – und das ist nicht auf dein körperliches Dasein beschränkt.

5. Das Leben samt all seiner Facetten ist nur ein *Spiel*. Hast du das erkannt, kannst du mit den Spielen *spielen*, d. h. variieren, austauschen und neue Spielregeln erfinden.

Lektion 21 - Nur ein Traum ...

Als ich ein Kind war, sang meine Mutter mir manchmal ein rätselhaftes Lied vor: Es handelte von einem jungen Jäger, der ein Reh schießt und später seine Büchse an einen Baum wirft, um nie wieder zu jagen, was er mit dem Kommentar begründet: „Das Leben ist ja nur ein Traum."

Für mich ergab das Lied überhaupt keinen Sinn. Inzwischen weiß ich: Es handelt von der Nichtigkeit aller Bemühungen, die nicht in Einklang mit deiner *Wirklichkeit* sind. Und so wie du in deiner Wirklichkeit das Spiel der Realität spielst, kannst du auch in deiner Realität irgendwelche Unter-Spiele spielen, die sich als Vergleichsmaterial hervorragend eignen.

Wenn du Angestellter in einer Nudelfabrik bist, werden Nudeln plötzlich zu einem wichtigen Thema in deinem Leben. Aber sie haben nichts mit deiner Wirklichkeit zu tun, nur mit deiner Realität. Solange du dir im Klaren darüber bist, dass es nur ein Spiel ist, kann dir nichts passieren. Doch wie beim Mensch-ärgere-dich-nicht oder anderen Spielen passiert es leicht, dass die Welt der Nudeln unversehens deine Emotionen regiert. Du regst dich über Nudel-Probleme auf oder freust dich über Nudel-Erfolge, die von deiner *Wirklichkeit* Lichtjahre entfernt sind, und merkst nicht, wie das Spiel mit den Nudeln auf einmal zum Lebensersatz geworden ist.

Ein Fußball-Match z. B. verdeutlicht das Phänomen auf einer anderen Ebene. Dass es mit deiner *Wirklichkeit* nichts zu tun hat, dürfte klar sein, aber es hat nicht einmal etwas mit deiner *Realität* zu tun. Solange du vor dem Bildschirm sitzt oder dich im Stadion aufhältst, fieberst du für „deine" Mannschaft mit und jubelst, wenn sie ein Tor erzielt, oder verzweifelst, wenn einer der Spieler einen Elfmeter verschießt. Das ist völlig normal. Wenn deine Verzweiflung aber auch dann noch anhält, wenn das Match längst zu Ende ist, hast du das Spiel zum Lebensersatz gemacht. Du verwechselt es mit deiner Realität, während z. B. ein anderes Fußballspiel, das zur gleichen Zeit zwischen zwei Dorfmannschaften in Saudi-Arabien ausgetragen wird und von dem du nichts mitbekommst, dir völlig egal ist.

Dein Job in der Nudelfabrik ist ebenso nur ein Spiel. Es dauert von neun Uhr morgens bis siebzehn Uhr abends, und man erwartet zu Recht von dir, dass du es ernst nimmst – solange du spielst (auch beim Mensch-ärgere-dich-nicht hassen wir es, wenn einer der Mitspieler nicht bei der Sache ist und seine Steine nur lustlos hin und herschiebt). Sobald aber die Werksirene ertönt, sollte dir klar werden, dass dieses Spiel mit dir selbst nichts zu tun hat. Du bist nur Angestellter. Dir kann es völlig egal sein, ob ein Auftrag platzt oder nicht. Wach auf! Reib dir die Augen und stell dein Spielzeug zurück in den Schrank.

Beim Mensch-ärgere-dich-nicht musst du erst eine Sechs würfeln, um mit deinem Spielstein loslaufen zu dürfen. Das steht so in den Regeln, bedeutet aber nicht, dass du außerhalb des Spiels ebenfalls erst eine Sechs würfeln musst, um dich bewegen, also z. B. frühmorgens dein Haus verlassen zu können. Lach nicht; genau das ist es, was – im übertragenen Sinne – die meisten Menschen tun.

So wie jene untergeordneten Spiele zum Ersatz für deine Realität werden können, so ist auch deine Realität nur Ersatz für die *Wirklichkeit*.

Wenn du ein Erwachter bist, arbeitest du natürlich auch weiterhin in besagter Nudelfabrik, aber was deinen jetzigen von deinem vormaligen Zustand unterscheidet, ist: Du investierst dein Ego nicht mehr in das Spiel, du kennst diese Art von Ego gar nicht mehr. Karte XXI – „Die Welt" – zeigt den Menschen, der diesen Zustand erreicht hat. Er mag noch voll im Leben stehen, Partys besuchen, verreisen, arbeiten, tanzen gehen – doch seine Art und Weise, die Dinge zu beurteilen, hat sich verändert. Im Zuge dessen wird sich auch das verändern, was er immer sein „Schicksal" nannte.

Sehen wir uns die Karte im Einzelnen an. Die tanzende Person in der Mitte hat sich aus der Nudelfabrik des Lebens gelöst und repräsentiert in ihrer Nacktheit den erwachten Menschen, der kein „Kostüm" mehr trägt. Sicher kommt der Zeitpunkt, an dem sie wieder eins überstreifen wird – doch diesmal *weiß* sie, dass es nur ein Kostüm ist.

Auf dem Bild sind alle Polaritäten ausgeglichen – sowohl im Großen (statt nur einen Zauberstab wie der Magier hält die Person deren zwei in Händen) als auch im Kleinen (jeder der beiden Stäbe hat zwei Pole). Bisher hatten wir es auf vielen Tarot-Bildern mit der Symbolik von Gegensätzen zu tun; auf diesem Bild jedoch sind beide Stäbe weiß. Es gibt kein Schwarz und Weiß mehr. Die Formen und Farben dieser Welt sind wertfrei geworden. Das Ego (als Ausdruck eines Traums) verschmilzt mit dem großen Ganzen. Die Weisen nannten so etwas *non-duales Bewusstsein*.

Non-duales Bewusstsein befreit dich von der Illusion, ein vereinzeltes Etwas auf dieser Welt zu sein. Natürlich haben alle Dinge, denen du begegnest, mit dir und deiner Subjektivität zu tun. Du bist Teil eines Gefüges, das jedoch bestimmt wird von deiner bewussten Erschaffung der Dinge, die nicht wirklich existieren, sondern nur innerhalb des Spieles deiner sehr subjektiven Realität. Das ist kein Widerspruch. Es wäre nur dann einer, wenn es eine objektive Realität gäbe.

In diesen Überlegungen findet sich auch der Schlüssel zu dem blassvioletten Tuch oder Schal, der sich in mehreren Windungen um den Körper der Kartenfigur hüllt – und zwar, um ihren Penis zu verbergen.

Einen Penis, werden manche fragen? Die Gestalt hat doch Brüste, es handelt sich doch eindeutig um eine Frau. Tatsächlich aber – und hier folge ich streng der Deutungstradition – zeigt die Tarot-Karte XXI eine Person mit zwei Geschlechtern – einen *Androgyn*. Man darf Androgyne nicht mit Zwittern oder Hermaphroditen verwechseln. Die Print-Ausgabe des 24-bändigen Lexikons von *wissen.de* definiert Androgynie als einen „Zustand, in dem die Dualität der polaren Welten überwunden und männliche und weibliche Qualitäten harmonisch miteinander vereinigt sind". Laut einem alten Mythos war der Mensch ursprünglich ein zweigeschlechtliches Wesen, das sich im Laufe seiner Entwicklungsgeschichte in zwei verschiedene Geschlechter aufspaltete (auch in der Bibel entsteht ja Eva erst nachträglich aus einer Rippe Adams – und Adam bedeutet nicht nur Mann, sondern auch *Mensch*). Ziel des Menschen ist es nun, diesen Zustand zurückzuerlangen, und zwar in Gestalt einer harmonischen Einheit. Sehen wir der Figur ins Gesicht und denken uns den Körper weg, fällt es tatsächlich schwer, sie einem der beiden Geschlechter zuzuordnen.

Ostern

Ich weiß nicht, wie es dir geht, aber mich erinnert der grüne Kranz mit den roten Schleifen immer irgendwie an Ostern. Wenn wir uns daran erinnern, dass auf Karte XX tatsächlich eine Art „Auferstehung" stattgefunden hat, so setzt sich dieses Thema hier fort, indem es uns zeigt, welche *Wirkung* diese Auferstehung auf uns und unser Leben hat. Das christliche Osterfest ist ja nur die Fortführung einer heidnischen Tradition, in der es um das Erwachen der Natur aus einer langen Winterruhe ging, was zu unserer Interpretation hervorragend passt: Der lange Schlaf, das war unser Dasein in der Realität, die wir fälschlich für die Wirklichkeit hielten; und die Auferstehung ist das Erwachen hinein in die Wirklichkeit, die wie ein Aufatmen ist, ein Recken der Glieder, während die Traumbilder in unserem Kopf sich auflösen.

Selbst die „Auferstehung" Jesu von Nazareth – von der christlichen Exegese fatalerweise ihrem Buchstabensinn nach interpretiert – ließe sich als die Parabel von einem Erwachen deuten: Wo immer der Auferstandene in Erscheinung tritt – zum Beispiel am Morgen des Ostersonntags vor der Grabstätte oder bei seiner Begegnung mit den Emmausjüngern – erkennen die Menschen, die fast ein ganzes Leben in seiner Nähe verbracht haben, ihn auf einmal nicht mehr. Manchmal wirkt er wie eine feinstoffliche Spukerscheinung, die nur noch peripher an den Jesus erinnert, der zuvor das jüdische Land durchzog und predigte. Man kann diesen Umstand durchaus als Metapher für den „völlig anderen Menschen" deuten, der daraus hervorgeht, wenn man sich von der Realität in die Wirklichkeit begibt. Man ist „nicht wiederzuerkennen".

Aber wie funktioniert das eigentlich? Das Leben geht schließlich weiter. Der Alltag mit seinen „Pflichten" (in dem Stück, das wir spielen) ruft uns auch weiterhin zum Mitmachen auf. Wie fühlt es sich an, die Eischale (man beachte auch hier den Bezug zu österlichen Traditionen) durchbrochen zu haben?

Erleben und Erkennen

Der Erwachte hat, falls er tatsächlich Teil dieser Welt bleiben will, nur eine Möglichkeit: Er muss sich aufspalten in einen *Erkennenden* und einen *Erlebenden*. Als Erkennender ist er nicht Teil der Realität, als Erlebender schon. Und ich spreche nicht von einem bewussten Sich-Verstellen oder Theater spielen, sondern von dem bewussten Sich-Einlassen auf die Welt der Formen, die ihn noch immer umgibt. Keiner dieser beiden Zustände ist a priori „besser" als der andere. Der eine dient dem Überleben, der andere dem – Überleben. Wenn du den Zustand von Bild XX begriffen hast und das Buch in – sagen wir – 500 Jahren mal wieder lesen wirst, hast du den Gag kapiert.

Okay, in 500 Jahren bist du natürlich längst nicht mehr hier. Ich habe nur gescherzt. Aber traue mir da mal nicht über den Weg. Sieh dir lieber die roten Schleifen an dem „Ostergebilde" an – wenn das keine Lemniskaten sind!

Wenn wir aus reinem Bewusstsein und sonst gar nichts bestehen, ist es nur eine logische Folgerung, dass unser Dasein sich nicht auf die 70 oder 80 Jahre beschränkt, die wir durch ein hektisches Leben eilen und uns vermehren, nur um schließlich einem der vielen Wehwehchen, die im Alter oft zu unverzichtbaren Erlebniswelten werden, zum Opfer zu fallen. Bewusstsein kann sich nicht einfach auflösen, es braucht irgendwo eine neue Wohnstatt, und irdisch mutet die „Welt" auf Karte XXI jedenfalls nicht an. Die tanzende Figur hat keinen festen Boden unter den Füßen, sondern scheint sich in irgendwelchen höheren Sphären aufzuhalten, und die vier Tiere, die wir bereits aus Bild X kennen, sind ganz nahe gerückt. Du bist jetzt mit ihnen auf einer Ebene – dort, wo die Kulissen geschoben werden und alle Fäden zusammenlaufen. Und egal, woran du ein Leben lang geglaubt hast: Hier oben erkennst du, dass es Schwachsinn war. Doch immerhin – es hat dir dabei geholfen, viele Berge zu überwinden.

Es ist ohnehin egal, *woran* du glaubst. Religionen sind nur Trademarks. Wenn du einen Berg bezwingen willst, ist es egal, ob du Bergsteigerschuhe der Marke Domyos oder Tribord trägst. Die einzige Frage ist: Taugen sie oder taugen sie nicht? Wenn Gangster dich verfolgen und du ein Fluchtauto suchst, wird es ein Lupo genauso tun wie ein Benz. Erst wenn du auf die Schnapsidee kommst, Lupo oder Benz für den jeweils allein seligmachenden Fluchtwagen zu halten, hast du die ganze Reise umsonst gemacht. Dann ist es besser, jetzt nicht umzublättern, um dich mit der wichtigsten Lektion dieses Buches – der des Narren – zu beschäftigen.

Dann lautet die Spielanweisung:

GEHE ZURÜCK ZUM MAGIER UND BEGINNE VON VORN.

Zusammenfassung

1. Alles, was mit unserer Wirklichkeit nichts zu tun hat, lässt sich als Spiel begreifen. Die Realität ist ein solches Spiel. Wenn das Spiel zum Wirklichkeitsersatz wird, sind wir vom Erwachen weit entfernt.
2. Jedes Spiel ist ein Abkommen für eine gewisse Zeit. Nach Ablauf dieser Zeit gelten wieder die Spielregeln der Wirklichkeit oder – auf einer untergeordneten Ebene – der Realität.
3. Erleuchtung ist nichts anderes als die Erkenntnis, an einem Spiel mit vorher vereinbarten Regeln teilzunehmen. Es ist wirklich nicht mehr. Sobald ich das Spiel als solches identifiziert habe, kann ich auch alles, was nicht zu diesem Spiel gehört, deutlich sehen.
4. In der Welt außerhalb des „Spielfelds" sind die Polaritäten aufgehoben; sie gelten nur im Rahmen der Illusion, die wir für Wirklichkeit halten.
5. Wenn du die begrenzende Eischale der Realität durchbrochen hast, um in die Wirklichkeit hineingeboren zu werden, bist du zum *Erkennenden* geworden, was dich jedoch nicht daran hindert, auf der Ebene der Realität als *Erlebender* weiter zu agieren.

Lektion 0 - Die geilste Art von Magie

Wir sind zurück im Alltag. Und der Alltag kann so richtig Spaß machen. Man hat Freunde, man verliebt sich, man findet seine Berufung, man erschafft sich Erlebniswelten, man kann tanzen, lachen, im Meer herumplanschen, verreisen und die Natur genießen. Es gibt großartige Lichteffekte auf der Bühne der Illusionen.
Machen wir ein letztes Gedankenexperiment.
Wir haben in den vergangenen Lektionen erfahren, dass alle Formen der Realität nur Funktionen unseres Bewusstseins sind. Das heißt: Wem oder was wir auch begegnen, es ist unsere eigene Schöpfung. Und vor allem: Es ist nicht Wirklichkeit, sondern nur zum Bild geronnene Illusion. Da wir uns jedoch nicht daran erinnern können, diese Dinge und Personen irgendwann

Der NARR

vorsätzlich erschaffen zu haben, muss es auf unbewusster Ebene geschehen sein, und zwar gemäß einer „Firmenphilosophie", die wir nicht kennen. Wenn wir die Zusammenhänge aus den letzten Kapiteln begriffen haben, gelangen wir ganz automatisch zu einer neuen Firmenphilosophie. Sie lautet: Auch alles, was wir auf *unbewusster* Ebene erschaffen, wird sich gemäß unseres Lebensgefühls und unserer Erkenntnis verändern – und im Falle des aus dem Dornröschenschlaf der Realität Erwachten natürlich *verbessern*. Wir sind dort angelangt, wo die von mir so bezeichnete „Dritte Art von Magie" beginnt.
Die dritte Art von Magie beeinflusst das Leben gemäß unseren Überzeugungen, die wir zu diesem Zweck längst nicht mehr zu Absichtserklärungen umformulieren müssen. Es ist einfach unser Daseinsgefühl, bzw. unsere Rezeption der Dinge. Wenn wir aus der Illusion aufgewacht sind, tragen wir automatisch die Erkenntnis in uns: „Das Leben ist nur ein Traum, mir kann nichts passieren". Es kommt dann zu der umwerfenden Erfahrung, dass die Dinge sich tatsächlich *fügen*, und zwar ohne jegliche Anstrengung unsererseits. So lässt sich auch erklären, weshalb manche Leute Pech an den Fingern kleben haben, während andere einen Slalom durchs Leben vollführen, für die die kosmischen Punktrichter Bestnoten verteilen würden.

Als *Erlebende* verbleiben wir auf jeden Fall in der Welt der Formen; der Alltag hat uns wieder, und *Erkennender* zu sein, bedeutet keineswegs, seine Begeisterungsfähigkeit verlieren oder der Emotionslosigkeit anheimfallen zu müssen. Im Gegenteil: Auf der Erlebensseite erscheint der Erwachte anderen lebendiger als die gesamte menschliche Riesenamöbe, die sich über diesen Planeten quält, und die Gelassenheit, mit der er dem Leben begegnet, erzeugt bei ihm einen Humor, der andere häufig zu der Bemerkung veranlasst: „Er oder sie ist einfach *göttlich.*"

Nichts könnte treffender sein.

I'm a Joker, I'm a Smoker, I'm a Midnight Toker ...

Ich habe dieses Kapitel "Lektion 0" genannt, weil auch die Karte des Jokers die Zahl 0 trägt. Eigentlich wäre die XXII fällig gewesen, doch „Gericht" und „Welt" haben bereits den Zyklus beschlossen, den wir auf unserem magischen Spaziergang durch die Welt des Tarot vollzogen haben, und der Narr (als Konsequenz dieser Karten) ist zweifellos ein Neuanfang. Wir sind wieder auf der Erde.

Wir hätten mit dem Narren unsere Reise ebenso gut beginnen können, doch da wäre er noch Narr im buchstäblichen Sinne gewesen: Ein einfältiger Tropf, der planlos durchs Leben tänzelt, eine „niedrige Zeitpräferenz" aufweist, an den Zufall glaubt und bei jeder Gelegenheit über seine eigenen Füße stolpert.

Jetzt hat der Narr die restlichen 21 Arkana durchlaufen und ist auf einer höheren Stufe angelangt. Natürlich ist er noch immer Narr, nun aber adelt diese Bezeichnung ihn. Denn der Narr auf dieser höheren Stufe hat es nicht mehr *nötig*, sich um Alltagskram, Nudelfabriken, Mensch-ärgere-dich-nicht-Spiele, Fußballmatches und ähnliche Lichteffekte zu kümmern.

Man kann den Tarot nicht linear begreifen, sondern nur spiralförmig, wie eine Art Wendeltreppe, und der Narr ist sozusagen das C, an dem die Tonleiter auf einer höheren Oktave von vorne beginnt. Auf unserer Reise hat es sich vom niederen in ein hohes C verwandelt, und wenn du mit dem Wissen des Narren dieses Buch noch einmal liest, kann es sein, dass du jedes Kapitel plötzlich auf einer höheren Ebene begreifst.

Der Narr, mit dem wir es jetzt zu tun haben, ist für den Narren, der er einst war, ein Weiser. Er spürt: Das Leben kommuniziert mit mir, und die Erkenntnis, dass alles nur Illusion ist, gibt mir Gelassenheit und Selbstsicherheit. Die Eisberge auf dem Bild sind die gleichen, die wir im Hintergrund von Karte XX sehen konnten – und siehe da, es ist gar nicht mal so kalt hier. Der Mann auf dem Bild trägt bunte und leichte Sommerkleidung, und nichts lässt darauf schließen, dass ihm ein Nerzmantel jetzt lieber wäre. Er ist schon wieder auf der Reise durchs Leben. Und wie jeder echte Wisefool hat er keinen Diener dabei, der drei schwere Koffer hinter ihm herschleppt, sondern nur ein kleines Bündel an einem Stab. Das Nötigste. Es wird ihm reichen. Alles andere läuft ihm schon zur rechten Zeit über den Weg oder regnet vom Himmel herab.

Dass er soeben vom Gipfel kommt, schlussfolgern wir aus dem Edelweiß in seiner Hand. Edelweiß wächst nur in den obersten und unwegsamsten Gebirgsregionen, und auf der Alm ist es üblich, dass junge Männer ihren Mut und ihre Liebe unter Beweis stellen, indem sie der Anvertrauten ein Edelweiß direkt vom Gipfel holen und als Geschenk verehren. Viele fürchten ein solches Wagnis; der Narr nicht, denn er weiß, dass „die dritte Art von Magie" ihn davor bewahren würde, sich an einen Ort zu begeben, wo Tod und Gefahren lauern. Wenn wir die Struktur des Daseins begriffen haben, besteht zur Angst kein Anlass mehr.

Wo wird der nächste Schritt ihn hinführen? Man mag befürchten, er würde gleich in den Abgrund stürzen – doch das Bild verschweigt, ob es sich womöglich nicht nur um einen kleinen Felsvorsprung handelt, an dem ihm nichts zustoßen kann. Und falls doch ...? Das Leben fängt ihn sicher irgendwie auf. Ich wette mein letztes Hemd darauf, dass der Narr überleben wird. Der Hund an seiner Seite ist, wie ich finde, ein recht überzeugendes Symbol. Hunde sind sehr oft unsere Beschützer – vergleichbar der inneren Stimme, die uns lenkt und leitet. Hunde erkennen Gefahren schon lange vor uns. Hunde riechen es, welche Menschen uns gewogen sind und welche nicht.

Ich muss an Luna denken, die Dobermannhündin, die mich schon seit Jahren durch Dick und Dünn begleitet. Auf andere wirkt sie oft einschüchternd, aber sie ist eine gute Seele, die so oft die Spreu vom Weizen zu trennen weiß, wo ich noch lang im Dunkeln tappe. Im Sommer tollen wir jeden Tag durch die Gegend. Beide sind wir furchtlos und wild, aber oft auch tollpatschig und unfreiwillig komisch. Ich glaube, die Götter sitzen dann vor ihren Monitoren und halten sich den Bauch vor Lachen.

Ein schönes Gefühl, dass ein Hund den alternden und inzwischen etwas wunderlichen Magier besser versteht als (fast) jeder Mensch auf dieser Welt. Wenn ich ihre lange Schnauze am Fenster sehe, weiß ich: Ich habe einen echten Wolf zum Freund.

Und wenn ich Glück habe, denkt sie ja dasselbe von mir.

Zusammenfassung

1. Sobald wir ein gewisses Maß an Erkenntnis erlangt haben, ändert sich automatisch unsere „Firmenphilosophie". Wir begreifen: Die Welt ist unsere Schöpfung auch dann, wenn wir sie nicht bewusst erschaffen haben.

2. Wenn das Leben nur ein Traum ist, können die Dinge sich ganz nach deiner Vorstellung fügen. Das ist wie beim luziden Träumen, wo du alles Geschehen lenken und steuern kannst.

3. Der „neue Narr" ist im Vergleich zum „alten Narren" ein Weiser und begreift nun jede Kartenlektion auf einer höheren Oktave.

4. Die „dritte Art von Magie" führt dich selbsttätig zur rechten Zeit an den rechten Ort, und du kannst entspannt und zuversichtlich durchs Leben gehen und brauchst keine magischen Rituale mehr.

AIN

SOPH

AUR

Willkommen in unserem Lichtspielhaus!

Vergessen Sie nicht, Ihre 3-D-Brillen aufzusetzen.

Erfrischungen werden Ihnen in der Pause von einer hübschen jungen Dame gereicht, die Sie sich bitte schon mal erschaffen mögen.

Weitere Bücher von Oliver Fehn:

Die dunkle Seite von Jesus
Ein blasphemischer Spaziergang durch die Welt des Neuen Testaments

War Jesus der Sohn einer Prostituierten? War er schwul? Schwer erziehbar? Ein Junkie? Verheiratet mit Maria Magdalena? Wo hielt er sich zwischen seinem 12. und 30. Lebensjahr auf? - So lauten einige der Fragen, die Oliver Fehn in diesem Buch mit theologisch-wissenschaftlicher Sorgfalt zu beantworten versucht.

So mutig hat sich noch keiner ans Thema Jesus herangewagt. Auch für Kritiker des Christentums war der Mann aus Nazareth jahrhundertelang eine unantastbare Ikone - ein Mann, dessen Ideale und ethische Lehren selbst von Kirchengegnern gewürdigt und gutgeheißen wurden.

Oliver Fehn hingegen betrachtet Bergpredigt und "soziale Botschaft" des Nazareners mit kritischer Distanz. Was ihn viel mehr interessiert, ist ie "dunkle", verborgene, mithin menschliche Seite Jesu, das von der Kirche verschwiegene oder bewusst uminterpretierte Material der Bibel. Er will Jesus "dort begegnen, wo wir alle uns von Zeit zu Zeit die Hand reichen: in den Regionen der Lust, des Lasters, des Verschwiegenen, der Tabus, des Dämmerlichts."

Dieses Buch bietet Zündstoff für nächtelange Diskussionen.

ISBN 978-3-89094-460-9, 152 Seiten, Softcover, Format DIN-A5

Die Schule des Teufels
Satanisches Wissen für das 21. Jahrhundert

In Oliver Fehns neuem Handbuch der satanischen Magie erfährt der Leser, warum wir uns nicht gern mit Typen fortpflanzen, deren Nasen fettig glänzen; warum manche - biologisch gesunde - Menschen aus psychologischer Sicht als Leichname gelten müssen; warum ein Gewitter auf den Fidschi-Inseln für das Schicksal eines Mädchens in Kiel ausschlaggebend sein kann; wie man mit Minimalmagie jedem Feind einen sofortigen Denkzettel verpassen kann; wie wir unser Leben reicher an "kleinen Wundern" machen können; warum Götter - in der "Retorte" erschaffen - wirklich zu leben beginnen; wie wir alle in die Grabkammern des Grauens eindringen und unsere eigenen "Vampirsärge" öffnen können; wie der Stern Capella oder Supermans Festung der Einsamkeit ganz ohne esoterischen Firlefanz Depressionen heilen können; warum wir die Frau / den Mann unserer Träume nie bekommen, solange wir auf sie / ihn warten; und wie wir mit Van Morrison und Vanillewein einen magischen Sommertag erleben können.

Der Band enthält außerdem zwei Aufsätze des Verfassers zu aktuellen satanischen Themen sowie sein dichterisches Werk "Satans Neues Testament"

ISBN 978-3-89094-389-3, 176 Seiten, Softcover, Format DIN-A5

Satans Handbuch
Schwarze Philosophien, teuflische Rituale, sowie Ratschläge und Tricks für den Alltag

In diesem Buch scheint Satan höchstpersönlich zum Leser zu sprechen - und ihm eine Vielzahl teuflischer Tricks und Strategien zu so alltäglichen Themen wie Sex, Lügen, Geld, Rache und psychologische Kriegsführung zu enthüllen. Der Leser erfährt zum Beispiel, wie er sich je nach Lust und Laune zum mysteriösen Schreckgespenst oder zum charismatischen Verführer machen kann und wie man finstere Rituale richtig ausführt. Die theoretischen Kapitel vermitteln eine Satanische Philosophie, die sich als bitterer Gegenpol zur braven, angepassten "Correctness" des 21. Jahrhunderts versteht.

"Satans Handbuch" ist so etwas wie die erste deutsche Satansbibel. Wie Anton LaVey jedoch - der "Vater aller Satanisten" - distanziert sich der Verfasser entschieden von jenen "nur bösen" Okkult-Freaks, die den Namens Satans missbrauchen, um damit so scheußliche Dinge wie Kindsmissbrauch, Morde oder Tieropfer zu rechtfertigen. Satanismus im Fehn'schen Sinne - das ist Freiheit, Genuss, Frechheit, Sünde, Lust, Manipulation - und Alltagsmagie. Der Satanist ist der "Trickster", "The Great Pretender", der sich mit Hilfe genialer Zaubertricks durchs Leben schlägt und den "Herdenschafen" stets um ein paar Nasenlängen voraus ist.

ISBN 978-3-89094-366-4, 152 Seiten, Softcover, Format DIN-A5

Satans Trickkiste
Ein Kurs in Magie und Manipulation für alle Lebenslagen mit unzähligen Übungen

Hier ist es! – Das erste Satanische Lebenshilfe-Buch der Welt! Ob Krankheit, Liebeskummer, berufliche Konflikte oder Angst – der Satanist hat für alles eine Lösung.

„Du wirst einen entscheidenden Unterschied zu den Tipps und Ratschlägen anderer Bücher bemerken", sagt der Autor bereits im Vorwort: „Nämlich, dass die Techniken in diesem Buch tatsächlich funktionieren." Kein Wunder – schließlich handelt es sich um echte Magie.

Wer dieses Buch mit seinen unzähligen Übungen zu seinem täglichen Begleiter macht, verfügt über einen wahren Zauberkasten an Tricks und Ideen, um nahezu jeder Situation im Leben gewachsen zu sein. Ein kompletter Heimkurs in Alltagsmagie, der Dein Leben auf spürbare Weise verändern wird.

ISBN 978-3-89094-606-1, 136 Seiten, Softcover, Format DIN-A5

Weitere Infos im Internet unter: www.magick-pur.de